新时期我国大学生精准就业帮扶干预机制跟踪研究

王 丹/著

吉林大学出版社

·长春·

图书在版编目（CIP）数据

新时期我国大学生精准就业帮扶干预机制跟踪研究 /
王丹著. -- 长春：吉林大学出版社, 2021.11
　　ISBN 978-7-5692-8666-3

　　Ⅰ.①新… Ⅱ.①王… Ⅲ.①大学生–就业–研究
Ⅳ.①G647.38

　　中国版本图书馆CIP数据核字(2021)第257141号

书　　名：新时期我国大学生精准就业帮扶干预机制跟踪研究
　　　　　XINSHIQI WO GUO DAXUESHENG JINGZHUN JIUYE BANGFU GANYU JIZHI GENZONG YANJIU

作　　者：王　丹　著
策划编辑：张鸿鹤
责任编辑：张鸿鹤
责任校对：刘　佳
装帧设计：张　娜
出版发行：吉林大学出版社
社　　址：长春市人民大街4059号
邮政编码：130021
发行电话：0431–89580028/29/21
网　　址：http://www.jlup.com.cn
电子邮箱：jldxcbs@sina.com
印　　刷：长春市中海彩印厂
开　　本：787mm×1092mm　　　1/16
印　　张：12.75
字　　数：230千字
版　　次：2022年5月　第1版
印　　次：2022年5月　第1次
书　　号：ISBN 978-7-5692-8666-3
定　　价：46.00元

前　言

　　教育帮扶是阻断贫困代际传递的根本手段和重要方式，《教育扶贫攻坚"十三五"规划》中明确将"精准"理念运用到教育帮扶当中，指出："教育脱贫要坚持以就业为导向，聚焦高校贫困大学生群体生存所需的就业技能。"

　　2020年是我国精准扶贫的脱贫攻坚决战的决胜之年，我国现实了贫困人口的全部脱贫、贫困县全部摘帽的脱贫任务。从脱贫攻坚任务的提出到2020年全面建成小康社会目标的实现，我国至此进入"后脱贫时代"，目标是实现脱贫对象的持续稳定脱贫，消除相对贫困，实现共同富裕。

　　后脱贫时代是我国的新时代，我国从"脱贫"转向"防贫"，面临的主要难题是如何使脱贫后家庭积极主动地摆脱"等靠要"的懒怠思想，调动其内生动力，充分利用就业帮扶资源拓展就业渠道。精准就业帮扶是从根本上解决贫困问题的"造血式"精准帮扶，以此实现低收入群体的内生发展动力。就业帮扶作为精准扶贫的重要载体，对消除贫困、实现共同富裕具有重要意义，尤其在高校就业帮扶已成为精准教育帮扶的关键环节，是有效防止脱贫后家庭大学生脱贫后返贫的重要渠道。

　　在精准脱贫后，脱贫人口的可持续发展能力培养及进一步巩固脱贫成果等现实问题，是迫切需要解决和不容忽视的社会性问题。在新时代的背景下，高校应从自身出发，关注低收入家庭大学生的就业问题，做好"返贫"治理工作，建立可持续性脱贫机制，从根本上消除代际贫困。

　　本书关注的群体为"精准脱贫后家庭大学生"，实则在已有研究中对该群体大学生的学术上的研究也是我国新时期的"低收入家庭大学生"，所以在本书的具体内容介绍中对"精准脱贫后家庭大学生"群体的研究采用"低收入家庭大学生"群体展开相关研究。本书具体的内容如下：

本研究针对新时期我国低收入家庭大学生的就业干预机制展开研究。依据社会认知职业生涯理论，首先通过文献的梳理，通过质性研究方法，对17位低收入家庭大学生进行深入的访谈，从其个体内在因素及外在环境影响因素的角度构建就业能力的影响机制；其次，通过量化调查研究，对5026名大学生进行问卷调查，探讨低收入家庭大学生生涯社会支持对职业决策自我效能感和职业目标、就业能力的预测作用及链式中介路径，构建就业能力影响机制模型；最后，基于质性和量化的研究结果建构的就业能力影响机制模型，针对低收入家庭大学生群体的现实就业需求，依据干预变量的相关理论设计团体就业能力的干预方案。

　　研究方法方面，本研究采用质性和量化相结合的混合研究方法，针对生涯社会支持对就业能力的影响进行深入的探讨，突破已有研究方法单一的限制，验证和丰富了社会认知职业生涯理论在中国低收入家庭大学生中的适应性，也为低收入家庭大学生就业能力影响机制的研究提供了理论和方法上的新视角。同时，在实际问题的解决上，依据社会认知职业生涯理论，在本研究建构的低收入家庭大学生就业能力影响机制模型基础上开发了促进低收入家庭大学生就业能力提升的干预方案，对提升其就业能力及就业竞争力有重要意义，也为低收入家庭大学生的就业指导提供了路径和依据，帮助其提高就业能力，稳定帮扶成果，有效防止返贫现象的发生。

　　本书是全国教育科学"十三五"规划2020年度教育部重点课题"精准脱贫后家庭大学生就业干预机制跟踪研究"（课题批准号DIA200343）研究成果。

作　者
2021年10月

目　录

1 绪 论

贫困问题一直是全世界的难题，而反贫困是人类发展的共同任务。我国政府一直将消除贫困、实现共同富裕作为目标。党的十八大以来，党中央、国务院把全面实现小康社会作为战略目标。针对精准扶贫问题，就业需"先行"，做好就业扶贫工作，促进贫困人口顺利就业，是我国全面实施精准扶贫的重要举措。

2021年随着脱贫问题的全面解决，我国步入以"巩固成效，深化提质"为主的阶段。该时期的特征是以绝对贫困的消除和相对贫困的存在为代表，而作为稳定脱贫成果、实现可持续发展的核心要素，个人能力的提升尤为关键。大学生群体是社会变革的推动者，更是国家经济建设和社会建设的生力军，而脱贫后家庭大学生作为贫困人口中数量较高且最具潜力和最富可塑性的群体，他们是脱贫家庭中的"新生力量"，更是带动家庭摆脱贫困的"关键变量"，也是巩固脱贫成果的主要阵地。

我们必须认真审视对于脱贫后家庭也就是低收入家庭大学生的教育扶贫在解决其现实需求、巩固脱贫成果等方面的问题，清晰把握低收入家庭大学生教育扶贫在实践中所面临的精神贫困、参与主动性不足、能力提升意识缺乏等问题，从精准就业帮扶工作的全局和学生全面发展的长远性出发，制定低收入家庭大学生教育发展策略，构建后脱贫时代稳定脱贫成果的教育扶贫长效机制。

本书关注的群体为"精准脱贫后家庭大学生"，实则在已有研究中对该群体大学生学术上的研究也是我国新时期的"低收入家庭大学生"，所以在本书的具体内容介绍中对"精准脱贫后家庭大学生"群体的研究采用"低收入家庭大学生"群体展开相关研究。

本书主要聚焦于新时期我国低收入家庭大学生的就业问题，从多维度构建其就业能力的提升机制，并制定针对性的干预方案，提升低收入家庭大学生的就业竞争力，优化就业帮扶体系，从根本上消除代际贫困。

1.1 问题的缘起

1.1.1 高校精准帮扶以教育帮扶为切入点

扶贫必扶智，治贫先治愚，教育扶贫是阻断贫困代际传递的根本手段和重要方式。2016年《"十三五"脱贫攻坚规划》指出，教育扶贫的内容是以提高贫困人口基本文化素质和贫困家庭劳动力技能为抓手，瞄准教育最薄弱领域，阻断贫困的代际传递。党的十八大以来，精准脱贫工作扎实推进，不断加大教育扶贫的工作力度。十九大报告把教育放在提高保障和改善民生的首位，提出要"优先发展教育事业"。教育扶贫是阻断贫困代际传递的根本手段和重要方式，其目的是通过办好贫困地区和贫困人口的教育事业进而实现减贫的战略目标，本质体现了社会公平正义的价值追求。[①]

2013年制定的《中西部高等教育振兴计划（2012—2020年）》，持续落实高等教育学生资助政策，振兴中西部高等教育。2016年《"十三五"脱贫攻坚规划》发布关于高等教育领域的扶贫内容主要体现在"提高贫困地区高等教育质量"和"实施高校招生倾斜"两个方面，主要是通过政策倾斜支持贫困地区优化高等学校布局等措施。依托教育扶贫，在高等教育阶段已经建立起国家奖学金、国家励志奖学金、国家助学金、国家助学贷款、师范生免费教育、勤工助学、学费减免、绿色通道等方方面面的资助体系，从多维度确保贫困地区的学生能够接受到优质的高等教育。

高校作为扶贫体系的重要主体，无论是文化还是教育等方面都具备丰富的资源，是脱贫攻坚战中不可或缺的主力军。高校的扶贫工作要求把"精准"作为基本方针，找准高校扶贫的切入点和实施路径，才能有效推进高校的扶贫工作。高校精准脱贫应以教育扶贫为突破口和切入点，高校

---

① 李兴洲. 公平正义：教育扶贫的价值追求 [J]. 教育研究, 2017, 38（03）：31-37.

在脱贫攻坚中应结合自身特点和实际情况，充分利用教育资源的优势，积极开展教育扶贫，促进教育扶贫对扶志、扶智的有效结合，在脱贫攻坚中彰显教育扶贫的独特价值。[①]

高校在开展教育扶贫中具备丰富的资源优势，拥有优质的智力资源，具备大量的师资和大学生，同时拥有雄厚的物质资源，无论是实验设备还是教学场所都为教育扶贫提供了保障。[②]如何整合优质的资源、创新扶贫途径有效地开展教育扶贫工作，一直是高校关注的重点问题。扶贫工作一直是我国经济社会发展面临的重大问题，更是全面建成小康社会的关键环节。高校应通过教育扶贫发挥其在人才培养及技术创新方面的优势，充分发挥高校教育扶贫的能力，优化就业帮扶体系。

1.1.2　高校教育帮扶以精准就业帮扶为导向

中共中央、国务院于2015年印发了《中共中央国务院关于打赢脱贫攻坚战的决定》，"就业扶贫"作为精准扶贫方略之一，被列为脱贫攻坚的一项主要任务。2016年人社部等部门就做好就业扶贫工作提出"围绕实现精准对接、促进稳定就业"的目标，通过帮助贫困人口转移就业、稳定就业与技能就业，带动促进贫困人口脱贫。为我国全面建成小康社会，就业扶贫已成为精准扶贫的重要一环。就业问题既关乎大学生的个人发展问题，也关系经济的发展问题，更是涉及社会的稳定问题。

就业帮扶作为精准扶贫的战略举措，一直备受国家的高度重视。2016年国务院出台《"十三五"脱贫攻坚规划》，重点阐述了转移就业脱贫的重大意义和路径措施，并提出了开展就业扶贫的必要性。2017年国务院印发《"十三五"促进就业规划》，再次强调就业扶贫工作的重要性。精准帮扶，就业导向，就业乃民生之本，是助力脱贫攻坚的重要举措。

2020年是我国精准扶贫的脱贫攻坚决战的决胜之年，我国现实了贫困人口的全部脱贫、贫困县全部摘帽的脱贫任务。从脱贫攻坚任务的提出到2020年全面建成小康社会目标的实现，我国至此进入"后脱贫时代"，目

---

① 王焰新. 构建高校助力脱贫攻坚的长效机制[J]. 中国高等教育, 2020(21)：29-31.

② 杨亚辉. 教育扶贫是高校义不容辞的责任——访全国政协委员、华中师范大学党委书记马敏[J]. 中国高等教育, 2017(3)：25-26.

标是实现脱贫对象的持续稳定脱贫，消除相对贫困，实现共同富裕。[①]新时代，我国从"脱贫"转向"防贫"，面临的主要难题是如何使相对贫困群体积极主动地摆脱"等靠要"的懈怠思想，调动其内生动力，充分利用就业帮扶资源拓展就业渠道。

目前，我国进入新时代，但低收入情况仍然存在，只有通过就业扶贫提升相对贫困人口的自我发展能力，从根本上解决其生存问题，增加经济收入，提升其生活质量，才能促进社会的稳定和谐发展。对精准脱贫后的家庭而言，劳动收入是维系家庭生活和经济来源的重要途径，而就业问题能否顺利解决则意味着，是否具备稳定的经济来源、脱贫成果能否得以延续等关乎民生的重要问题。

就业扶贫是从根本上解决贫困问题的"造血式"精准帮扶，以此实现贫困群体的内生发展动力，使脱贫攻坚得以持续。[②]就业扶贫作为精准扶贫的重要载体，对消除贫困，实现共同富裕具有重要意义，尤其在高校就业扶贫已成为精准教育扶贫的关键环节，是有效防止相对贫困大学生脱贫后返贫的重要渠道。

1.1.3 新时期低收入家庭大学生群体就业问题突显

党的十八大以来，我国的脱贫攻坚事业取得了历史性的成就。2020年我国进入"后脱贫时代"，这个时代的特征是相对贫困将长期存在。与此同时，相对贫困人口的可持续发展能力培养及进一步巩固脱贫成果等现实问题，是迫切需要解决和不容忽视的社会性问题。在新时代的背景下，高校应从自身出发，关注低收入家庭大学生的就业问题，做好"返贫"治理工作，建立可持续性脱贫机制，优化就业帮扶体系。

随着我国高等教育的快速发展由"精英教育"向"大众教育"的转变，让更多低收入家庭大学生拥有了通过学习改变自身命运的机会。而许多低收入家庭在子女求学生涯过程中倾尽全力供养其上学，很大程度上是为了能够学有所成、"出人头地"，有能力改变当下的家庭经济状况，往

---

① 程明，钱力，吴波．"后扶贫时代"返贫治理问题研究［J］．重庆理工大学学报：社会科学，2020（3）：81-87.

② 公衍勇．关于精准扶贫的研究综述［J］．山东农业工程学院学报，2015，32（3）：75-78.

往将希望寄托于一人就业带动全家脱贫，期望毕业后找一份满意的工作，从而减轻家庭经济重担。但现实往往事与愿违，当低收入家庭大学生一旦无法适应毕业即就业的现状，特别是不能顺利求职就业时，这些低收入家庭难免会质疑教育到底能否成为阻止贫困代际传递的重要手段。

这些质疑，无疑是低收入家庭大学生就业方面所呈现出诸多问题的反馈，相关研究发现，低收入家庭大学生就业焦虑现象较为严重，由于家庭及生活多方面的压力，对择业的期望值过高，自我调适能力又不强，造成其就业心理负担过大，强烈的就业心理压力导致其面对就业问题焦虑不安，无法顺利就业。①也有研究从低收入家庭大学生求职综合素养角度分析，发现其心理素质较弱、社会资源匮乏、专业素养不足等问题，这些就业问题使低收入家庭大学生就业困难程度加大。②还有研究者关注贫困大学生心理方面的问题，研究发现贫困大学生常出现抑郁、焦虑和人际障碍等心理问题，③还有严重的表现出自卑封闭、焦虑敏感、抑郁孤僻等心理问题。④

由此可见，低收入家庭大学生能否就业，不仅关系其个人能力、价值的体现，也关系着千万户低收入家庭的有效脱贫，防止"返贫"现象发生的关键，不只是就业公平的体现，同时也是巩固脱贫成果的重要环节。高校巩固脱贫成果，建立可持续性脱贫机制的关键应以低收入家庭大学生就业为导向，帮助其实现高质量、更充分就业，对就业帮扶具有重大现实意义。

本书关注的群体为"精准脱贫后家庭大学生"，实则在已有研究中对该群体大学生的学术上研究也是我国新时期的"低收入家庭大学生"，所以在本书的具体内容介绍中对"精准脱贫后家庭大学生"群体的研究采用"低收入家庭大学生"群体展开相关研究。

---

① 马建新. 高校贫困生就业焦虑的现状及对策 [J]. 教育与职业, 2014 (29)：90-92.
② 王涛. 家庭经济困难大学生的就业能力提升 [J]. 教育与职业, 2014 (32)：114-115.
③ 陈军，周少贤. 家庭经济状况对大学生心理健康的影响 [J]. 中国青年政治学院学报, 2012 (4)：24-27.
④ 刘振洋. 高校贫困生心理问题分析及解决对策——以哈尔滨理工大学为例. [J]. 思想政治教育研究，2014 (6)：138-140.

1.1.4 新时期低收入家庭大学生就业能力提升不可或缺

2021年我国进入小康社会，实现全面脱贫。党的十九届四中全会指出，"坚决打赢脱贫攻坚，巩固脱贫攻坚成果，建立解决相对贫困的长效机制"。高校作为扶贫体系的主力军，是构建解决相对贫困长效机制不可或缺的力量。针对高校的教育扶贫工作而言，低收入家庭大学生群体的帮扶及长效机制的构建尤为重要。

党的十八大报告明确提出要"做好以高校毕业生为重点的青年就业工作"，要坚定不移地"推动实现更高质量的就业"。虽然国家针对新时期低收入家庭大学生群体出台了一系列资助政策及帮扶政策，积极构建了"奖助学金""勤工助学"等有助于其完成学业的帮扶机制，但对于低收入家庭大学生而言外在给予的支持和帮扶还不能从"根本"解决其摆脱贫困、获得良性发展的需求。基于低收入家庭大学生群体的现实问题，如就业能力不强、就业压力过大、就业心理焦虑等，高校需从深层次进一步积极探索，从就业能力提升的角度制定新时期有利于低收入家庭大学生群体就业帮扶的长效机制。

针对相对贫困仍然存在的实际情况，如何提升低收入家庭大学生的就业能力，是高校亟须解决的现实问题。研究发现就业能力是个体获得和保持工作的能力，是使个体能够满足组织需要，并始终胜任工作的能力和特质，通过提高贫困大学生的就业能力，可以有效帮助贫困大学生顺利求职就业。[1]高校经济困难家庭的学生面临求职就业时表现出诸多困难，对他们而言就业能力的高低是决定其能否顺利就业的关键。[2]

综上可见，当前大学生就业形势严峻的状况下，高校毕业生面临就业压力明显加大，低收入家庭大学生承受着来自家庭及经济方面的限制，他们需要面对的就业问题更加严峻。这一问题的解决也正是后脱贫时代高校做好防止"返贫"和巩固提升脱贫成果的关键。如何针对低收入家庭大学生帮助其就业仍是值得重点关注的问题，无论对其低收入家庭大学生个

① 王奕冉. 积极团体心理辅导对贫困大学生就业能力和心理韧性的干预效果［J］. 教育与职业, 2016（18）: 103-105.

② 蒋君毅. 家庭经济困难大学生就业能力现状及提升路径［J］. 教育与职业, 2016（24）: 62-64.

人，还是家庭和社会，都十分的重要。

1.2 就业帮扶的现实意义

1.2.1 新时期我国教育帮扶的现实意义

1.2.1.1 教育帮扶是阻断低收入家庭经济困难的根本对策

教育扶贫这一重要思想的提出，其意义也不断地得到深化和发展。2020年是我国全面建成小康社会，打赢脱贫攻坚战的决胜之年。新时期我们仍然要关注低收入家庭群体，巩固脱贫成果，有效防止返贫现象的发生。教育扶贫在阻断相对贫困中发挥着不可或缺的作用，是有效阻断相对贫困的根本对策。

教育是阻断贫困代际传递的治本之策，在推进脱贫攻坚任务，防止返贫等多方面发挥着基本性、先导性、根本性和可持续性作用，教育扶贫是新时期缓解相对贫困的根本对策。[1]我国虽然打赢了贫困攻坚战，但仍存在大量的相对贫困群体，为更好地实现共同富裕，解决低收入家庭的可持续发展问题，教育扶贫仍是贫困治理后续工作的重点。

教育扶贫不仅仅在帮扶贫困地区和贫困群体，实质是阻断相对贫困，并从根本上消除社会的教育不公平问题。教育扶贫作为阻断相对贫困的重要手段，也是斩断贫困代际传递和返贫的根本策略。教育扶贫充分承担了"扶志"和"扶智"的责任，即通过教育扶贫帮助贫困群体树立信心，激发摆脱贫困的斗志，同时也帮助贫困群体努力提高知识水平，提升脱贫致富的能力。在教育扶贫作用下的扶志和扶智工作有效的开展，促使新时期的低收入家庭能够从外在的帮扶转向内在主动脱贫，由被动接受转向主动改变，激发低收入家庭积极脱贫的内在动力，充分调到其防止返贫的主观能动性。

---

[1] 袁利平. 后扶贫时代教育贫困治理的价值逻辑、行动框架与路径选择 [J]. 深圳大学学报（人文社会科学版），2021（01）：25-33.

相关研究显示教育消除贫困是通过提高贫困群体自身能力，使其提高自我开发能力、可持续发展，进而摆脱贫困。[①]教育扶贫对低收入家庭的帮扶主要来源是使其清晰认识到脱贫的主体是自身，而非外在政策和物质的帮扶，只有提高自身的脱贫能力才能有效阻断返贫现象的发生。这也充分体现了教育扶贫阻断相对贫困的根本策略性，教育扶贫的根本出发点就是让低收入家庭清醒意识自身主体性的重要性，同时激发其积极参与到自身脱贫能力提升的进程中，提高相对贫困群体的主观能动性。[②]

综上可见，教育扶贫作为阻断贫困代际传递的根本之策，能够有效提高相对贫困群体的受教育程度，进而打破贫困代际传递的恶性循环。[③]面对我国现阶段的实际情况，将长期处于相对贫困中，更要坚持教育扶贫以"智志双扶"为导向，帮助低收入家庭树立摆脱相对贫困的坚定信心和斗志，并通过提升相对贫困地区的教育发展为举措，努力使相对贫困地区逐步享受高质量教育资源。[④]

1.2.1.2 教育帮扶助力低收入家庭大学生可持续发展

2020年后，我国进入相对贫困的新时期，在这一阶段，教育扶贫仍然任重而道远，只有在"后脱贫时代"深入推进教育扶贫的综合化改革，才能切实巩固脱贫攻坚成果，进一步防止返贫现象的发生。在新时期背景下，高校更应该找到教育扶贫的立足点，从自身实际出发，持续关注低收入家庭大学生群体可持续发展能力的培养，让低收入家庭大学生得到所需求的物质资助和就业帮扶，使他们都能在教育帮扶下顺利求职就业，进而助力其家庭实现彻底脱贫，阻断贫困的代际传递。

高校的低收入家庭大学生已经成为一个在新时期不容忽视的群体，大学是他们人生观、价值观和世界观形成的重要场所，在成长的过程中身心

---

① 苏芳，刘钰，李彬. 后脱贫时代教育扶贫长效机制构建的探讨［J］. 武汉科技大学学报（社会科学版），2021（02）：182-187.

② 袁利平，李君筱. 教育缓解相对贫困的实践逻辑与路径选择［J］. 苏州大学学报（教育科学版），2021（01）：39-47.

③ 联合国教科文组织. 教学与学习——全民教育全球监测报告2013—2014［M］. 北京：教育科学出版社，2014：144-147，150-155，175.

④ 刘齐. 习近平教育公平思想的形成与实践［J］. 现代教育管理，2019（01）：16-22.

极易受到外界环境的影响。低收入家庭大学生能否在大学阶段学有所成，顺利求职就业，关系到他们是否适应社会需要，完成从"象牙塔"到"职业世界"的转变。与此同时，顺利就业也是他们自力更生，从此开展职业生涯发展的关键一步。因此，高校的教育扶贫工作持续推进的效果直接影响到低收入家庭大学生的求职就业，更关系其能否获得更好的可持续性发展。

相关研究发现，通过教育扶贫不断提高贫困群体的文化水平和脱贫致富的能力、自我发展的能力，才能保持稳定脱贫。教育是脱贫的重要手段，有助于提高贫困群体的代际流动性，能够起到帮助贫困家庭下一代改变其经济和社会地位的能力。[①]教育扶贫不仅仅是外在的资助或政策的扶持，更多的是通过教育的手段培养低收入家庭大学生自身综合素质和提升就业能力，进而帮助其可以面对激烈的就业竞争，能够顺利求职成功，从而获得良性的可持续发展，从根本上摆脱贫困的限制。由此可见，教育扶贫对低收入家庭大学生而言的重要性，应持续投入足够的教育扶贫力度，对求职就业较为困难的低收入家庭大学生，当面对就业过程中的各方面因素影响时，无疑至关重要。

高校要重视低收入家庭大学生的教育帮扶工作，不断改进教学模式和教学方法，提升低收入家庭大学生的就业能力和综合素质，进而提高低收入家庭大学生的就业率，这不仅仅对于每一位低收入家庭大学生家庭来说，保障了经济来源的稳定性，同时有利于低收入家庭大学生自身的可持续发展。针对低收入家庭大学生而言，自身原生家庭的状况及成长环境的局限，往往导致其在求学生涯和求职阶段出现一些不良的心理，自卑、焦虑等心理状况，甚至做出伤害自己、自暴自弃的行为，影响到自身的可持续发展。高校应该及时给予足够的关注和高度的重视，低收入家庭大学生属于社会相对弱势群体，但同时也是宝贵的人力资源，若能通过教育扶贫帮助他们顺利就业，积极参与到社会的建设中，在一定程度上不仅可以稳定脱贫成果，还能促进社会达成共同富裕。

---

① 郭丛斌，闵维方. 中国城镇居民教育与收入代际流动的关系研究 [J]. 教育研究，2007（5）：3-14.

1.2.2 低收入家庭大学生就业帮扶的现实需求

1.2.2.1 就业帮扶是促进低收入家庭大学生就业的重要途径

高校毕业生就业压力的增加，不仅成为家庭的忧患，更是整个社会关注的热点问题。而作为高校扶贫对象的低收入家庭大学生群体而言，他们的就业问题一直受到党和国家的高度重视，主要集中于他们在就业中所遇到困难问题的帮扶。从高校毕业生面对的就业市场来看，要确保低收入家庭大学生充分就业，实现他们的可持续发展，无疑是我们现阶段面临的急需解决的问题。高校通过对低收入家庭大学生就业帮扶途径的精准化研究，一定程度上可以缓解他们的求职就业压力，更能为低收入家庭建立稳定的经济基础。

在新时代的背景下，虽然我国已确立相对完善的高校低收入家庭大学生的资助政策和资助体系，但相对于政策和措施，高校仍应高度重视低收入家庭大学生的就业帮扶工作，并将就业帮扶工作落在实处，根据低收入家庭大学生就业方面的切实需求，制定针对性强的就业帮扶方案。充分调动政府、高校和社会各方面的就业资源为低收入家庭大学生搭建就业渠道，帮助低收入家庭大学生能够顺利就业。

高校的就业帮扶一直是精准帮扶的重要途径，而针对低收入家庭大学生就业的帮扶实质正是高校精准帮扶的体现。就业帮扶对于精准脱贫后的家庭而言，既关乎其经济收入，又涉及脱贫后持续发展的内在动力，因此，高校在人才培养的过程中对低收入家庭大学生就业帮扶的关注更不能忽视。

研究者对于贫困大学生的研究发现，高校通过就业帮扶可以有效提升贫困大学生的职业能力，从而增加就业机会，更好地实现充分就业。[①]高校就业帮扶工作的开展要基于助力低收入家庭大学生就业能力的提升，丰富职业生涯规划教育，提升综合素质，强化创新创业帮扶，建立针对性强的就业帮扶机制，并积极调动社会各界资源参与到低收入家庭大学生就业

---

① 黄志丹.广东省高职院校贫困大学生就业帮扶问题研究[D].南昌:江西财经大学,2019.

帮扶工作中，为其提供丰富的就业实训基础，帮助低收入家庭大学生获得更多的就业信息和就业机会。

可见，高校低收入家庭大学生的就业问题不仅关乎这个群体的生存、人力资源的可持续发展，更是确保稳定脱贫成果、社会有序发展的重大课题。高校低收入家庭大学生的顺利就业，不仅有利于社会人力资源的充分利用，而且有利于其自身摆脱贫困限制，获得持续健康发展。

1.2.2.2 就业帮扶是低收入家庭大学生提升脱贫能力的关键策略

低收入家庭大学生既是毕业生就业群体中的相对弱势群体，同时也是高校就业帮扶的重点对象。低收入家庭大学生往往在求职就业过程中，对自己成长经历不自信，缺乏就业信心，同时现实的经济状况和人力资源多方面的欠缺，使得他们在同等的就业竞争中缺乏就业竞争力和就业能力。这些在就业过程中来自内在和外在的劣势和处境导致他们求职就业不顺利，在就业中陷入多重的困境，更无法提升自身摆脱贫困的能力。这些在低收入家庭大学生身上发生的不良恶性循环，导致其不能很好地达成脱贫成果的巩固和内在脱贫能力的提升，因此，高校应将就业帮扶作为帮助低收入家庭大学生提升脱贫能力的关键策略，重视低收入家庭大学生就业问题，逐步消除就业过程中的困难，积极引导他们顺利就业。

就业帮扶是精准扶贫的主要途径，是将"输入式"帮扶转为"造血式"帮扶，就业不仅仅是低收入家庭大学生个人的问题，也是低收入家庭经济改善的来源，更是全社会和谐稳定的因素。对于低收入家庭而言，子女的学有所成是家庭的期望，其就业问题的解决则意味着稳定的经济收入，相应的低收入问题可以从根本上消除。可见，低收入家庭大学生的就业帮扶是脱贫成果得以持续的关键和核心。就业帮扶对于在就业方面存在困难的低收入家庭大学生而言极其重要，同时也是使其具备脱贫能力的关键策略。

就业帮扶作为低收入家庭大学生提升脱贫能力的主要载体，对脱贫成果的有效保持发挥着重要的现实意义。大学生群体中低收入家庭大学生的数量不占少数，这意味着潜在的人才资源，一旦给予充分的就业指导和优质的就业服务平台，提供丰富的就业机会，就不难开发出稳定脱贫成果的人才价值。对低收入家庭大学生个人而言，这不仅代表着成功就业，同时也意味着具备了脱贫的能力，拥有稳定的收入，也为其家庭增加了经济收入，助力脱贫成果的持续。

就业帮扶对加快彻底消除相对贫困、逐步实现共同富裕具有重要的意义。在新时期，低收入家庭的消除需要以稳定的经济收入为前提，也就是以稳定的就业为基础。对于即将步入工作岗位的相对贫困大学生，通过就业帮扶带动他们积极地提升就业能力，进而具备较强的脱贫能力，从而促进就业，实现低收入家庭的脱贫致富。从低收入家庭大学生现实的需求来看，就业帮扶已成为高校及社会为其提供最有效、最直接的方式。高校通过对低收入家庭大学生就业问题的关注和重视，加大对其就业支持的力度，并通过就业服务和就业指导，帮助低收入家庭大学生增强脱贫的自信心，提升其自我效能感，促进他们积极地面对就业问题，不再逃避和恐惧，进而确保顺利就业，实现其家庭的脱贫，促进脱贫成果可持续性的良性循环。

1.3　国内外研究现状

1.3.1　国内外低收入家庭大学生的相关研究

1.3.1.1　低收入家庭大学生的界定

1.低收入家庭大学生的研究

贫困的界定是一个比较宽泛的概念，贫困大学生是较为特殊的大学生群体，研究者对于贫困大学生的界定目前尚未有一个较为统一的标准。我国教育部和财政部联合下发的《关于认真做好高等学校家庭经济困难学生认定工作的指导意见》（教财〔2007〕8号）文件中指出："家庭经济困难学生是指学生本人及其家庭所能筹集到的资金，难以支付其在校学习期间的学习和生活基本费用的学生。"

高校贫困大学生群体一直是高校教育扶贫的重点关注对象，研究者从高校、政府以及国家三方共同认定的模式对高校贫困大学生进行认定。[①]
还有研究者对贫困大学生的界定多是从家庭经济收入角度对其进行定义，
多指无法负担大学期间的各项费用，在经济上难以维持学校所在地正常的
学习和生活等费用。[②]有研究者提出从定性与定量相结合的认定标准，要
求在认定过程中要保证公开透明且保护贫困大学生的隐私。[③]也有研究者
提出从伦理学视角设定认定制度、确立主体权责对等性原则等建议。[④]还
有研究者提出从加强贫困证明可信度、建立多元的认定指标体系以及从贫
困生的角度加强对学生的诚信教育。[⑤⑥]

国外研究者根据加拿大高校认定贫困大学生的基本指标，对学生家
庭经济、生源地等综合因素进行了调查，同时结合观察学生自己的独立程
度、对家庭预期贡献等因素来认定贫困大学生。[⑦]还有国家如日本对贫困
大学生的认定是基于税收等分类指标进行评估。

综上可见，从国内外研究者对贫困大学生认定来看，各类研究主要
还是以贫困大学生的家庭经济情况等相关的指标作为认定依据，从最初的
根据家庭人均纯收入这一指标到考虑与家庭经济相关的指标，再到分析贫
困大学生在校消费情况等评价指标等，逐步地完善认定体系。采用的认定
方法也是在不断地完善，从定性研究到定量研究，以及定性与定量相结合
的认定方法，同时借助于统计学大数据的方法更精准地对贫困学生进行认
定。对于贫困大学生的界定，研究者从不同的视角给予界定，有的从家庭
经济状况、家庭所在地的家庭经济困难来证明，有的以自我报告等方式给

---

① 白华. 从二元组合到三位一体——高校贫困生认定的新视角[J]. 社会科学家, 2012 (07) : 115-118.
② 张存禄, 马莉萍, 陈晓宇. 贫困生资助对大学生消费行为的影响——基于校园卡消费大数据和问卷调查数据的研究[J]. 教育与经济, 2021 (6) : 80-87.
③ 丁桂兰, 周艳华. 高校贫困生认定的现实困境与对策思考[J]. 教育与职业, 2010 (26) : 33-35.
④ 聂惠. 基于伦理学视角的高校贫困生认定问题研究[J]. 教育探索, 2011 (11) : 74-76.
⑤ 丁明秀. 高校贫困生认定工作的实践难题与对策[J]. 教育与职业, 2013 (26) : 50-51.
⑥ 张明菊, 李沛武. 高校贫困生认定的现实困境与制度安排——基于制度诚信理论视角[J]. 黑龙江高教研究, 2016 (08) : 67-70.
⑦ Usher A. Are the Poor Needy? Are the Needy Poor? The Distribution of Student Loans and Grants by Family Income Quartile in Canada [J]. Online Submission, 2004: 44.

予界定，根据研究的需要给予不同标准的界定方式。

2. 本研究对低收入家庭大学生的界定

2020年我国的扶贫工作取得全面胜利，相对贫困问题成为新阶段的主要问题。研究表明，贫困分为相对贫困和绝对贫困，相对贫困是低于社会公认的基本生活水平，社会再生产的能力弱或没有社会再生产能力；而绝对贫困指生活没有保障、难以维持，连温饱都成问题。① 十九届四中全会提出："坚决打赢脱贫攻坚战，巩固脱贫攻坚成果，建立解决相对贫困的长效机制。"② 从我国绝对贫困的消除到相对贫困的存在，从相对贫困的特点与需求来看，后脱贫时代的相对贫困治理任务更加艰巨。

高校一直是教育扶贫工作的主阵地，对低收入家庭大学生群体的帮扶更是巩固脱贫成果、防止返贫现象发生的关键环节。对于低收入家庭群体的研究，多集中于相对贫困的治理问题，从可持续脱贫、返贫预警及政策保障等视角，对后脱贫时代返贫阻断提出有效路径。研究者表示后脱贫时代应建立返贫治理体系，建设返贫监测机制、帮扶机制及动态回溯机制组成的返贫治理体系。③ 还有研究探讨相对贫困大学生就业帮扶的长效机制的构建，提出建立就业质量长效监督数据库、构建职业生涯发展联动系统和职业生涯多中心帮扶网络。④

高校低收入家庭大学生的研究，多是关注对该群体大学生建立长效的就业帮扶机制，以提升其脱贫的能力。对于低收入家庭大学生的认定，研究者们还是延续用贫困大学生的认定方式，还是以贫困大学生的家庭经济情况等相关的指标作为认定依据。采用的认定方法从定性研究到定量研究，以及定性与定量相结合的认定方法。对于低收入家庭大学生，研究者从不同的视角给予界定。基于研究者对低收入家庭大学生群体的认定，本研究对低收入家庭大学生的界定是，具备申请家庭所在地政府的经济困难

---

① 黄璐琳. 六盘水市贫困人口内生性脱贫动力提升策略研究 [D]. 贵州：贵州大学, 2019.

② 新华网. 中共中央关于坚持和完善中国特色社会主义制度推进国家治理体系和治理能力现代化若干重大问题的决定【EB/OL】. (2019-11-05) [2011-04-13].

③ 蒋和胜, 李小瑜, 田永. 阻断返贫的长效机制研究 [J]. 吉林大学社会科学学报, 2020 (6)：24-34, 231-232.

④ 王红雨, 闫广芬. 高学历贫困毕业生与非贫困毕业生就业质量的比较研究——以京津冀地区研究型大学学术型硕士毕业生自我评价为中心的调查 [J]. 高教探索, 2021 (05)：103-110.

相关证明或学校助学资助资格，同时家庭人均收入在1 000元以下的大学生群体。

1.3.1.2 低收入家庭大学生心理问题相关研究

高校低收入家庭大学生心理问题一直都是研究者对这个群体大学生研究的关注点，多是关于贫困大学生心理健康问题和如何干预的研究。[1][2]在研究方法方面，一种是定性地描述贫困大学生心理特征的现状、成因并提出对策。这类研究主要反映低收入家庭大学生由于家庭经济状况的问题，导致在心理上表现出自卑、缺乏自信、依赖性强、人际交往障碍、不良的自我意识、自我放弃等消极的心理特征。研究发现，由于家庭贫困引发的大学生各种心理问题，主要表现在自卑与自尊的矛盾性、人际交往退缩、心态消极和焦虑等四个方面。[3]还有研究发现，贫困大学生常表现出强迫、抑郁、焦虑和人际障碍，[4]贫困大学生在心理复原力、自我效能和朋友支持等方面的水平显著低于非贫困大学生群体。[5]另外一种是通过量化调查研究的方式，分析贫困大学心理健康状况。这类研究大多采用症状自测量表（SCL-90）来收集数据和资料，通过数据分析揭示贫困大学生主要存在的一些心理问题。研究发现，贫困大学生自测量表的分数显著高于非贫困大学生的分数，其中在躯体化、强迫、人际关系敏感度、抑郁、焦虑、偏执、精神病性等方面差异显著。[6]还有研究通过心理资本量表（PCQ-24）调查发现，贫困大学生和非贫困大学生的心理资本存在显著差异，非贫困大学生的心理资本水平高于贫困大学生。

针对低收入家庭大学生心理健康状态的研究得出的结论主要体现出

① 刘振洋. 高校贫困生心理问题分析及解决对策——以哈尔滨理工大学为例 [J]. 思想政治教育研究, 2014 (03)：138-140.

② 姚薇. 中西方青年志愿者大型活动参与动机比较研究 [J]. 中国青年研究, 2015 (02)：52-55+51.

③ 孙桂君. 关于贫困大学生心理健康教育的几点思考 [J]. 教育探索, 2010 (02)：153-154.

④ 陈军, 何泽民, 陈敏等. 蚌埠市初中七年级学生心理健康现况调查分析 [J]. 安徽预防医学杂志, 2012, 18 (01)：24-26.

⑤ 姚鲲鹏, 赵芸. 广西贫困大学生心理复原力现状及对策研究 [J]. 广西社会科学, 2016 (08)：26-30.

⑥ 孟德洋. 贫困大学生应对方式、心理健康特点及其关系 [D]. 济南: 山东师范大学, 2008.

两个方面的特征。一方面是积极的心理特征表现。研究发现，贫困大学生通过帮扶，不但缓解了他们的经济压力，而且促使他们学习更有动力。^①还有研究表明，贫困大学生在学业方面表现突出，学习勤奋刻苦。他们更加珍惜来之不易的学习机会，即便是条件相对艰苦，但仍然努力学习，希望通过努力改变自己的命运。^②还有研究表明，由于贫困大学生成长的环境艰苦，促使他们更容易适应不同的环境，适应能力明显高于其他大学生。^③还有研究对贫困大学生的积极心理品质进行了归纳，研究发现感恩、善良、爱心、虔诚和公平是贫困大学生的积极心理品质。^④另外一方面是家庭经济状态给大学生身心方面造成不良的心理特征。研究者更倾向于不良影响方面的研究。研究者通过实践察觉发现，贫困大学生生的心理素质相对较差，往往影响到他们的正常学习和生活，需要给予足够的关心和心理疏导。研究发现，贫困大学生的自卑心理，导致他们常采取逃避、退缩的处理方式，缺乏积极性和热情，多有情感性障碍或人际交往障碍。还有研究发现，贫困大学生夸大自身弱势处境，逃避现实，害怕竞争。^⑤贫困大学生心理问题主要表现在精神病性、人际关系敏感、焦虑、敌对等方面。^⑥而抑郁是贫困大学生心理健康比较的重要的表现之一。^⑦研究表明，贫困大学生存在的心理问题主要表现为孤僻、自卑和焦虑等方面。^⑧

① 张梅，孙冬青，辛自强等. 我国贫困大学生心理健康变迁的横断历史研究：1998—2015[J]. 心理发展与教育，2018, 34(05)：625-632.

② 彭凌. 高校贫困大学生学习动机培养初探[D]. 重庆：西南大学，2011.

③ 伍敏，王琛. 铁路工程专业大学生职业心理素质现状研究[J]. 西南民族大学学报（人文社会科学版），2012, 33(S2)：239-241.

④ 臧运洪，杨静，伍麟. 贫困大学生积极心理品质量表的结构验证[J]. 心理学探新，2017, 37(05)：449-453.

⑤ 郭薇，简福平，陈旭. 高校家庭经济困难学生的就业心理状况分析及教育对策[J]. 思想理论教育导刊，2011(10)：112-115.

⑥ 梁雅丽，姚应水，石玮，杨瑞. 贫困大学新生心理健康与社会支持应对方式的关系[J]. 中国学校卫生，2013, 34(06)：746-747.

⑦ Dixon, S K et al. Depression and College Stress among University Undergraduates: Do Mattering and Self-esteem Make a Difference?[J]. Journal of College Student Development, 2008(49)：412-424.

⑧ 吕延明. 高校贫困生存在的心理问题及对策[J]. 教育探索，2011(11)：131-132.

关于贫困大学生就业心理的研究表明，贫困大学生往往就业过程中害怕失败，不善于处理冲突，表现得焦虑、压抑，心理负担重，这些都影响正常就业。[1]还有研究者表示贫困大学生往往能力信心不足，过低评价就业能力，导致就业失败。[2]贫困大学生对自我认知不清楚，对未来的职业目标迷茫，导致最终就业失败。[3]

1.3.1.3 低收入家庭大学生资助体系相关研究

我国的教育扶贫始终把"精准"作为重要手段，高校低收入家庭大学生资助是教育扶贫的有效路径。[4]教育扶贫从中华人民共和国成立就已经存在，高校资助政策有"免学费加人民助学金""人民助学金加奖学金""奖学金加学生贷款"及现行的"多元混合资助"四种形式，随着时代的发展需求，在不断完善资助的形式。[5]

国外关于低收入家庭大学生的相关研究多集中于经济资助方面，研究者表示，美国现有的经济资助政策并没有从本质上解决贫困大学生的问题，这些资助不能解决他们遇到的挑战性问题，他们更多需要的是政策上的帮助。还有研究者表示，美国大学资助政策都会对贫困大学生产生显著的影响，但并没有达到预期的效果，还需要进一步完善。[6]还有研究者梳理发达国家的贫困大学生的资助制度，涉及英国的免费教育及助学金模式、日本的助学贷款模式、美国的综合救助模式，经过归纳总结出发达国家一般采取有偿资助方式，这样有益于避免贫困大学生不劳而获，有助于责任意识的形成。总体看来，国外有关贫困大学生的研究多集中于资助方式方面，通过资助帮助贫困大学生接受教育。国外对于高校学生的资助研

---

① 蒋君毅. 家庭经济困难大学生就业能力现状及提升路径 [J]. 教育与职业, 2016 (24): 63-65.

② 陈爱娟. 当代贫困大学生的就业心理问题及对策 [J]. 华东经济管理, 2012, 26 (08): 100-101.

③ 陈敏, 王露. 地方应用型高校贫困大学生职业生涯教育探索——以黄淮学院为例 [J]. 西部素质教育, 2017, 3 (24): 82-83.

④ 陈宝生. 进一步加强学生资助工作 [N]. 人民日报, 2018-03-01 (13).

⑤ 徐焕章, 杨仕羽, 徐雪珉等. 基于"精准扶贫"的高校贫困资助政策执行情况调查——以西北地区某省为例 [J]. 西安财经学院学报, 2019, 32 (02): 115-120.

⑥ Michael Mumper. Removing college price barriers: what government has done and why it hasn't worked [M]. New York: State University of New York Press, 2012: 795-796.

究开始较早，制度、体系相对更加完善，理论成果相对突出，并且形成了可供现在参考的理论基础，解决经济困难学生问题主要采用金融方式，政府为主导，推进资助政策和机制的发展。

我国高校低收入家庭大学生资助问题的研究一直是学术界关注的热点。高校低收入家庭大学生是高校中相对弱势的群体，要确保其接受高等教育的平等权利。研究者表示经济资助是影响学生学业成就的重要因素，在缓解经济压力的同时，提升了学生专业学习的兴趣和成就，[①]并且研究显示，经济资助显著地提高了大学生的就业质量和就业满意度。[②]研究者表示，现有的贫困大学生资助体系需要政府、高校、企业、社会和学生共同完善和构建。[③]应从教育公平角度激发自我救助动力，加大社会的投入力度。[④]还有研究者从社会支持的视角提出要建设以能力提升为主、多维支持的发展型资助体系。[⑤]

关于资助政策方面的研究，研究者采取了定性和定量相结合的研究方法，对贫困大学生资助体系进行评估，通过大数据的分析实现贫困大学生的精准资助。[⑥]还有研究者通过对14所高校贫困大学生的调查，分析资助政策执行的满意度及影响因素。[⑦]综上可见，我国低收入家庭大学生的资助体系还需进一步完善，为低收入家庭大学生提供更丰富的资助方案，拓展资助渠道的多元化，满足不同需求的低收入家庭大学生资助需要，充分调动"政府—社会—高校"一体化的资助体系，助力低收入家庭大学生的健康发展。

---

① 鲍威，陈亚晓. 经济资助方式对农村第一代大学生学业发展的影响 [J]. 北京大学教育评论，2015（2）：91.

② 曲垠娇，岳昌君，纪效珲. 大学生经济资助对就业质量的影响研究 [J]. 清华大学教育研究，2018（1）：89.

③ 毛晓华. 我国贫困大学生资助体系的完善 [J]. 湖北社会科学，2011（06）：162-165.

④ 唐师平. 教育公平视角下高校贫困生资助体系的问题与对策 [J]. 教育与职业，2015（23）：35-36.

⑤ 孟国忠. 社会支持视域下贫困大学生发展型资助体系的构建 [J]. 中国成人教育，2017（15）：65-68.

⑥ 吴朝文，代劲，孙延楠. 大数据环境下高校贫困生精准资助模式初探 [J]. 黑龙江高教研究，2016（12）：41-44.

⑦ 莫世亮. 高校贫困生资助政策执行满意度研究——基于浙江省14所高校的调查 [J]. 浙江师范大学学报（社会科学版），2014（3）：106-110.

1.3.2 国内外低收入家庭大学生就业现状的相关研究

1.3.2.1 低收入家庭大学生就业现状与困境

国内研究者对高校低收入家庭大学生的就业问题一直非常关注。研究者围绕低收入家庭大学生就业困难的原因进行分析，得出有内在和外在因素，其中就业形势严峻等五方面的原因对低收入家庭大学生就业造成重要的影响。[①]研究者也发现，社会支持、社会关系、家庭条件等方面的因素造成低收入家庭大学生在就业过程中自卑心偏差、信息匮乏等现象，最终导致就业失败。[②]研究者进一步从心理学角度分析低收入家庭大学生就业的困境，发现要从关注、尊重、共情三个方面提升低收入家庭大学生的就业心理素质，促进其顺利就业。[③]

还有研究者关注低收入家庭大学生就业能力的培养，提出要从资金、导师等五个方面提升贫困大学生的就业能力。[④]研究者发现贫困大学生就业能力不强具体表现在择业观念、职业生涯规划、就业竞争意识等方面的欠缺。[⑤]贫困大学生的就业能力不足，导致他们就业难的问题加剧，同时自身就业观念保守，因此难就业显现更加严重。[⑥]贫困大学生的就业能力不高是直接导致他们就业竞争力低的重要因素。贫困大学生家庭背景和教育资源的匮乏，导致他们的综合素质和沟通能力等方面表现都相对欠佳，这些都影响他们就业能力的提升。[⑦]

---

① 柏丽华. 高校贫困生就业难的原因及对策 [J]. 继续教育研究, 2011 (09): 117-118.

② 蒋君毅. 家庭经济困难大学生就业能力现状及提升路径 [J]. 教育与职业, 2016 (24): 63-65.

③ 乔心阳, 武灵芝. 心理学视角下高校贫困生就业心理素质的有效提升 [J]. 教育与职业, 2015 (11): 73-75.

④ 董晓绒. 新形势下提升高校贫困生就业能力的新思路 [J]. 中国成人教育, 2016 (14): 73-75.

⑤ 江林强, 李咏, 裴傲秋. 高等医学院校贫困生就业问题研究 [J]. 山西财经大学学报, 2011, 33 (S3): 242-243.

⑥ 林生. 建立高校贫困大学生高质量就业体系的探索 [J]. 福州大学学报 (哲学社会科学版), 2012 (05): 107-111.

⑦ 陈敏, 王露. 地方应用型高校贫困大学生职业生涯教育探索——以黄淮学院为例 [J]. 西部素质教育, 2017 (24): 82-83.

国外研究者对高校低收入家庭大学生就业问题的研究主要集中在就业指导和就业政策方面。首先，关于就业指导方面的研究发现，从供给与需求的角度分析贫困大学生人数与就业岗位之间的关系，两者之间的失衡，严重加剧了就业岗位与求职需求的比例，高校应为贫困大学生提供丰富的就业信息和就业帮助，从而帮助其顺利求职就业。[1]贫困大学生的就业能力不足是他们不能顺利就业的关键因素，高校应加强对贫困大学生就业能力的培养。[2]还有研究者关注贫困大学生由于家庭经济的原因造成自己在求职时顾虑太多，导致在就业选择时考虑的因素太多，最终想找到理想的工作更难，因此，高校应为贫困大学生提供职业指导等就业帮扶服务。[3]

其次是高校低收入家庭大学生就业政策方面的研究。日本的就业帮扶由高校根据贫困大学生的需求，自行设计就业指导方案；同时，建立了公共职业培训机构，免费为贫困大学生提供职业培训，还鼓励企业雇用贫困大学生。英国通过开设就业指导这门课程，来提高贫困大学生的职业素质。美国通过就业政策，鼓励贫困大学生创业，促进就业；同时，以减免学生贷款的方式，鼓励贫困大学生到某些特定岗位工作。德国是在贫困大学生入学时，职业生涯规划课程就贯穿其整个大学学习阶段，以便充分掌握贫困大学生的职业发展方向，及时地给予就业指导。

综上可见，国外的研究多集中在为低收入家庭大学生的顺利求职就业做好帮扶工作。国外的就业帮扶经验也为我国的低收入家庭大学生就业扶助工作提供了很好的借鉴。国内研究者对高校低收入家庭大学生的关注集中在低收入家庭大学生的认定、低收入家庭大学生的资助体系的完善、低收入家庭大学生的心理问题等方面，但对低收入家庭大学生就业扶助的研究却不够深入，研究相对很少。现有研究大多关注低收入家庭大学生就业心理问题的成因及对策，对低收入家庭大学生就业能力的提升研究缺乏系

① Kariene Mittendorff et al. Students' perceptions of career conversations with their teachers [J]. Teaching and Teacher Education, 2011 (27): 515-523.

② Harvey Lee. Defining and Measuring Employability [J]. Quality in Higher Education, 2010 (2): 97-109.

③ Kiomars Mohamadi. Impact of social capital on job satisfaction and quality outcomes [J]. Annual Review of Sociology, 2013 (24): 1-24.

统性。

本研究首先对精准脱贫后新时期我国低收入家庭大学生群体进行深入的质性研究，通过访谈资料分析探究精准脱贫后低收入家庭大学生就业能力的关键影响因素，并通过编制就业能力的调查问卷，对精准脱贫后低收入家庭大学生的就业能力的现状进行调查研究，并基于职业生涯理论构建就业能力的影响机制模型，最后提出有针对性的就业能力提升干预方案及就业建议。

1.3.2.2 低收入家庭大学生就业干预研究

我国高校针对大学生的就业指导设置了就业指导机构，主要负责大学生就业的服务与咨询工作。就业指导内容包括通过就业网站发布就业信息、召开招聘宣讲会等就业方面的指导，形式上以就业课程为主，还有就业相关的讲座等形式。目前，在就业指导方面除了面向全体大学生的就业课程或就业信息咨询外，个性化的就业辅导尚且不能满足所有学生的需要，因此，高校多采取团体就业辅导的方式对相对贫困大学生进行就业干预辅导。

团体辅导又称团体咨询或团体训练，是在团体情境下进行的辅导方式。团体辅导是高校就业干预的重要形式，以团体的形式对相对贫困大学生实施就业帮助和辅导。积极心理学理论、生涯发展理论、团体动力学等相关理论为就业团体辅导的有效开展提供了丰富的理论依据。

关于低收入家庭大学生开展就业团体辅导的研究显示，就业团体辅导以低收入家庭大学生心理弱势作为切入点，帮助他们积极地面对就业问题。团体辅导对调适大学生就业心理落差和提升就业能力作用明显。[1]研究还发现，团体辅导不仅可以提升大学生就业能力，还可以消除他们的消极情绪，积极面对就业的困难。[2]针对贫困大学生的研究也得到统一的研究结果。研究者表示，通过团体辅导的帮助，贫困大学生职业目标更

---

[1] 张传悦. 小组工作在调适大学生就业心理落差中的运用[J]. 劳动保障世界（理论版），2011（07）：74-76.

[2] 莫小枚. 社会工作小组模式介入贫困生职业生涯规划的应用研究[D]. 南京：南京理工大学，2013.

加明确，学习和就业的动力加强。①团体辅导是提高贫困大学生职业生涯决策能力的有效途径，具体表现在提升他们的自我认识、求职信心、生涯目标及职业探索能力等方面。②团体辅导还可以改善贫困大学生的社交焦虑。③研究表明，团体辅导是对大学生进行职业生涯规划教育的有效手段。④

国外关于大学生就业辅导方面的研究，更多的是从课程设置、增加实践的机会、政府如何帮助失业人群等方面讨论的，直接针对大学生个体进行的就业方面的干预研究较少，主要针对大学生职业发展过程中某个方面的困难进行，比较多的是职业决策效能感、职业决策困难和职业认同等方面。研究者对职业领域中五个重要的因素进行干预，包括提供反馈、提供有关职业世界的信息、帮助建立社会支持、提供职业探索和决策的方法并记录干预的过程。

国内研究者针对贫困大学生群体开展具体变量的干预研究。研究显示，通过团体辅导，在积极心理学理论下对贫困大学生进行增进积极的情绪的培养，增强了他们的心理弹性。⑤相同的研究结果显示，通过对贫困大学生进行积极心理学取向的团体辅导，有效提升了他们的就业能力和心理韧性。⑥还有研究显示，对贫困大学生进行团体辅导，有效地提升了他们的自尊水平、成就动机水平。⑦

综上可见，关于低收入家庭大学生就业能力的团体辅导干预研究，多

---

① 马亚静，杨长锁，刘颖. 大学生职业生涯教育中团体辅导的作用研究[J]. 中国职业技术教育，2007（30）：24-25.

② 傅俏俏，叶宝娟. 贫困大学生职业生涯团体辅导的干预研究[J]. 牡丹江师范学院学报（哲学社会科学版），2016（03）：123-126.

③ 纪晓明，陈健. 团体辅导对二本院校贫困生职业生涯规划的干预研究——以金陵科技学院为例[J]. 教育教学论坛，2018（02）：103-104.

④ 龚宇平. 大学生生涯规划团体辅导新论[J]. 教育评论，2013（03）：72-74.

⑤ 刘桂芬. 积极心理学视域下贫困大学生心理弹性问题研究[J]. 学术论坛，2011，34（04）：209-213.

⑥ 王奕冉. 积极团体心理辅导对贫困大学生就业能力和心理韧性的干预效果[J]. 教育与职业，2016（18）：103-105.

⑦ 凌霄，柳珺珺，江光荣. 团体辅导对贫困大学生自尊水平、成就动机的干预过程与效果[J]. 中国心理卫生杂志，2013（02）：138-144.

集中在针对该群体大学生心理特征变量设计干预方案并实施干预，以积极心理学理论和职业生涯理论为依据，设计积极情绪培养、职业目标明确、自我效能感增强以及感知积极的社会支持方面的干预方案，以此加强低收入家庭大学生的心理健康程度和职业生涯规划能力，进而增强他们的就业能力。

1.4 研究内容和研究方法

1.4.1 研究内容

本书的研究建立在理论与实践相结合的实证研究的基础上，首先对高校低收入家庭大学生就业能力提升相关的国内外文献进行搜集和梳理；其次，根据文献的梳理设计质性研究的访谈提纲，对低收入家庭大学生进行质性访谈，探究影响低收入家庭大学生就业能力个体内在和外在环境的影响因素；再次，编制贫困大学生就业能力提升的问卷，进行5 026人涉及5个省市9所高校的问卷调查研究，并构建低收入家庭大学生就业能力的影响机制模型；最后，根据本研究构建的低收入家庭大学生就业能力影响机制模型，依据职业生涯理论和积极心理学理论设计针对低收入家庭大学生就业能力提升的干预方案，并根据本研究的结果为高校及就业相关部门提供就业指导的参考方案，给高校低收入家庭大学生就业能力的提升提供依据。

第一章，阐明研究背景、研究意义、国内外的研究现状及文献的梳理。

第二章，对中国精准就业帮扶的政策及制度进行梳理和综述。

第三章，论述就业能力的相关核心概念及所依据的基础理论。

第四章，设计质性访谈提纲，并对17位访谈对象开展访谈，转录并分析访谈资料，分析影响低收入家庭大学生就业能力的影响因素，拟定就业能力的影响机制模型。

第五章，设计问卷，并进行5 026人的问卷调查，分析数据，验证低收入家庭大学生就业能力的影响机制模型。

第六章，依据就业能力影响机制模型，依据理论设计干预方案。

第七章，从政府、高校、社会和低收入家庭大学生自身四个方面，提出关于完善高校低收入家庭大学生就业帮扶的建议。

1.4.2 研究方法

本研究主要运用了文献研究法、访谈法、问卷调研法、比较分析法、干预研究法等研究方法。

（1）文献研究法通过文献查阅，搜集与高校低收入家庭大学生就业相关的国内外文献资料，并整理和分析，充分了解当前的研究现状和已有的研究成果，为本研究提供研究基础和理论依据。

（2）访谈法首先设计访谈提纲，对低收入家庭大学生进行访谈，然后对深度访谈所获得的访谈资料进行转录和分析，了解低收入家庭大学生的就业能力情况及影响因素。

（3）问卷调研法通过编制调查问卷并发放问卷，整理和分析收回的有效问卷，对低收入家庭大学生的就业能力现状进行调研，构建就业能力的影响机制模型。

（4）比较分析法通过对高校低收入家庭大学生与非低收入家庭大学生在就业能力、职业目标、职业决策自我效能感及生涯社会支持等方面进行比较，分析差异性的原因，为后续设计干预方案提供依据，从而更好地对其进行就业帮扶。

（5）干预研究法根据就业能力影响机制模型，依据职业生涯理论和积极心理学理论设计就业能力的干预方案，为就业相关部门提出有效的就业能力提升的建议。

2 精准就业帮扶的综述

2.1 精准就业帮扶的发展及经验

2.1.1 精准就业帮扶的发展

2.1.1.1 精准就业帮扶的概念及内容

精准扶贫这个概念的阐述，不同的研究者从不同的视角给出了界定，研究者指出精准扶贫是从事扶贫工作的人员依照相关扶贫政策，明确扶贫标准，并准确地识别认定贫困对象，给予正确的扶贫对策，获得高质量的脱贫效果。[①]还有研究者认为精准扶贫的落实既要求对帮扶对象有针对性和真实性，还要进行有针对性的帮扶，使贫困家庭从根本上消除贫困，并具备自力更生的能力。[②]研究者认为精准识别、帮扶、管理及考核的内涵是我国扶贫工作的重要机制。[③]精准扶贫从概念的提出到内涵的不断丰富，再到措施的逐渐完善，意味着我国精准扶贫战略的不断深化。

精准就业帮扶是精准扶贫的一个重要内容，主要是为低收入群体提供就业岗位和就业机会，使其拥有稳定的经济收入，提升此群体的生活积极性。因此，各地方政府非常重视精准就业帮扶工作。学者们也对就业帮扶展开相关的研究，旨在提供问题解决的策略。学者一般都从就业帮扶的重要性的角度进行研究，还有研究者从就业帮扶的政策及开展模式的角度进

---

① 隋玉杰, 杨静. 个案工作 [M]. 北京: 中国人民大学出版社, 2007.

② 杨龙, 李萌, 汪三贵. 我国贫困瞄准政策的表达与实践 [J]. 农村经济, 2015 (01): 8-12.

③ 葛志军, 邢成举. 精准扶贫: 内涵、实践困境及其原因阐释-基于宁夏银川两个村庄的调查 [J]. 贵州社会科学, 2015 (5): 157-163.

行研究。

2.1.1.2　精准就业帮扶的发展历程

精准扶贫落实在教育领域，体现在教育扶贫的落实和实施方面，充分将精准帮扶落实到位。推进教育精准扶贫，有助于缩小教育差距，达到教育公平。在教育精准扶贫过程中，如何建立"六个精准"是教育精准扶贫工作中一直探讨的核心问题。精准教育扶贫最早是在1994年的《国家八七扶贫攻坚计划》中明确提出启动贫困地区义务教育工程，增拨教育扶贫专项资金。[①]1996年，中共中央、国务院发布《关于尽快解决农村贫困人口温饱问题的决定》，进一步拓展了教育扶贫的功能。2013年教育部的《关于实施教育扶贫工程的意见》[②]，将教育作为精准扶贫的重要部分提出。《中共中央 国务院关于打赢脱贫攻坚战的决定》明确将教育扶贫纳入国家精准扶贫顶层设计的重要路径之列。[③]

2011年至今，近十年我国的扶贫政策设计主要以能力建设性政策工具为主，以增强政策执行的能力，逐步完善教育扶贫的政策体系。与之前相比，此阶段的教育扶贫政策文件的发布更为频繁，教育扶贫在国家整体减贫、脱贫攻坚中的地位和作用极其重要（见表2-1）。

其中，2016年发布的《"十三五"脱贫攻坚规划》规定了教育扶贫的内容，指出以提高贫困人口基本文化素质和贫困家庭劳动力技能为抓手，瞄准教育最薄弱领域，阻断贫困代际传递，具体措施为提升基础教育水平，降低贫困家庭求学负担，加快发展职业教育，提高高等教育服务能力，明确提出了教育扶贫的量化指标和目标实现的时间要求等。同年，教育领域第一个专门性的教育扶贫政策文件发布，即《教育脱贫攻坚"十三五"规划》，文件要求采取超常规政策举措，精确瞄准教育最薄弱领域和最贫困群体，促进教育强民、技能富民、就业安民，坚决打赢教育

---

① 代蕊华,于璇.教育精准扶贫:困境与治理路径 [J].教育发展研究, 2017 (7)：9-14.

② 国务院办公厅.国务院办公厅转发教育部等部门关于实施教育扶贫工程意见的通知 [Z].2013-7-29.

③ 柴葳.教育是最根本的精准扶贫——党中央国务院强力推进教育扶贫工作综述 [N].2016-03-03 (1).

脱贫攻坚战。

表2-1 2011年至今发布的国家教育扶贫政策文件

序号	时间	政策文件	发文机构
1	2011.7	《中国农村扶贫开发纲要（2011—2020年）》	中共中央　国务院
2	2011.11	《关于实施农村义务教育学生营养改善计划的意见》	国务院办公厅
3	2012.8	《关于加强教师队伍建设的意见》	国务院
4	2012.9	《关于深入推进义务教育均衡发展的意见》	国务院
5	2012.9	《关于规范农村义务教育学校布局调整的意见》	国务院办公厅
6	2013.7	《转发教育部等部门关于实施教育扶贫工程意见的通知》	国务院办公厅
7	2014.1	《关于转发教育部等部门特殊教育提升计划（2014—2016年）的通知》	国务院办公厅
8	2014.5	《关于加快发展现代职业教育的决定》	国务院
9	2015.6	《乡村教师支持计划（2015—2020年）》	国务院办公厅
10	2015.8	《关于加快发展民族教育的决定》	国务院
11	2015.11	《关于进一步完善城乡义务教育经费保障机制的通知》	国务院
12	2015.11	《中共中央　国务院关于打赢脱贫攻坚战的决定》	中共中央　国务院
13	2016.11	《"十三五"脱贫攻坚规划》	国务院
14	2016.12	《关于进一步加强东西部扶贫协作工作的指导意见》	中办　国办
15	2017.7	《关于进一步加强全面改善贫困地区义务教育薄弱学校基本办学条件中期有关工作的通知》	教育部　财政部
16	2018.1	《深度贫困地区教育脱贫攻坚实施方案（2018—2020年）》	教育部　国务院扶贫办
17	2018.1	《推普脱贫攻坚行动计划（2018—2020年）》	教育部　国务院扶贫办　国家语委

国外学者对扶贫的研究主要是为了适应经济的发展，因此在资本方面多加探讨。纳克斯（1953）认为，一些经济处于落后水平的国家之所以困于贫困的泥潭，主要是因为贫困地区在资本供需上出现了失衡的状态，被称为"贫困循环陷阱理论"。纳尔逊（1956）的研究发现，贫困地区居民数量的增速与人均资本的增长呈现出反比状态，所以他提出了贫困国家和地区需要加大对资本的投入，这样才可以使国家富裕、人民富裕，摆脱贫困。基于这种现象提出了著名的"低水平均衡陷阱理论"。来宾斯坦（1957）提出与"低水平均衡陷阱"理论很相似的"临界最小理论"，这一理论强调的是要进行高强的投资效率，才能让经济增长超过人口增长，并可以打破贫困和低收入之间的恶性循环。舒尔茨（1960）提出了"人力资本理论"，这一理论表明贫困地区的落后主要是由于缺乏人力资本，而不是缺乏物质资源。人力资本的质量可以通过加强教育事业的发展来提升，进而使经济得到可持续发展，转换固有经济结构。阿玛蒂亚·森（1981）提出了"权利贫困理论"，这一研究观点认为应当提高贫困人口的能力，来提高其选择的权利。通过教育可以使贫困人口重建个人能力并增加收入，良好的教育可以改善贫困地区生活水平并摆脱贫困。美国学者Jennings（2014）认为经费的投入在教育扶贫治理中不可或缺，应当针对贫困地区的学校和学生制定差别化的专项教育发展经费，以此来提高贫困地区学校的教学质量和学生的学业成绩。

2.1.2 精准就业帮扶的经验

我国精准扶贫取得了举世瞩目的成果，并向世界提供了贫困治理的成功方案。我国的贫困攻坚战略能取得胜利的关键正是我国的制度优势和有效的治理体系。精准扶贫战略提出以来，党中央全面创新脱贫制度，动员全党全国全社会积极参与到脱贫攻坚战役中，构建脱贫攻坚制度体系，建立政府、市场、社会联动机制，从扶贫政策的有效落实，到扶贫资金的投入保障，充分保证扶贫攻坚工作的有效精准落实。国内研究者结合我国的国情对精准扶贫展开相应的理论和实证研究，我国各地区也结合区域特点，落实精准扶贫的举措，梳理如表2-2。

表2-2 国内部分地区关于精准扶贫实践经验

地区	政策举措	效果
江西省	实施十大扶贫工程，分别是产业、就业、异地搬迁、危旧房改造、村庄治理、基础设施建设、生态保护、社会保障、健康和教育扶贫工程	十大扶贫工程形成合力，优势互补，资源整合，加快精准脱贫步伐
贵州省	实施科技特派员制度，鼓励其创新创业，用信息化手段提高农民收入	人才支撑扶贫，技术解决困境，科技助力扶贫
宁夏地区	拓展开发式扶贫融资渠道和政策，实施金融扶贫	多渠道筹集扶贫项目资金，创新融资模式
西南地区	构建"互联网+金融"模式助力精准扶贫，借助信息化和大数据平台，整合脱贫攻坚进程中的数据信息，筹措扶贫开发资金	探索这种新型商业模式，以点带面地为脱贫攻坚提供了实际效益和有益参考
吉林省	建立农村低保制度与扶贫开发政策实施链接机制，合力帮扶农村贫困家庭脱贫	着力加强了农村低保制度与扶贫开发政策对象的覆盖链接
江苏省	关注了农村农业的发展问题，提出发展产业、实现就业是促进江苏省农村低收入人口稳定脱贫的最好途径	有效加强了农户的就业技能培训，鼓励技工院校招收贫困农户子女，增加农户的就业主动性与就业竞争力

2.2 理论基础

2.2.1 贫困代际传递理论

20世纪60年代，美国经济学家根据贫困过程发现贫困存在代际传承的现象，提出了"贫困代际传递"。[①]贫困代际传递是指贫困以及导致贫困的相关条件和因素在家庭内部由父母传递给子女，使子女在成年后重复父

---

① 何爱霞,孙纪磊.继续教育阻断农村贫困代际传递的作用机理及发展路径[J].现代远程教育研究,2021,33（03）：91-99.

母的境遇，继承父母的贫困和不利因素并将其传递给后代的一种恶性"遗传链"；也指在一定的社区或阶层范围内，贫困以及导致贫困的相关条件和因素在代际间延续，使后代重复前代的贫困境遇。①

精准扶贫的工作重点是要阻断贫困代际传递。精准就业扶贫的理念就是帮扶贫困家庭的子女，在就业扶贫的帮扶下提升就业能力，实现充分就业，让贫困家庭及其子女具备能够独立生存的本领，从根本上阻断贫困在代际间的传递。

研究者对阻断贫困代际传递的现状做了大量的研究。研究者表示利用教育扶贫在脱贫攻坚中发挥作用②，提出利用个人、家庭、政府及社会共建阻断教育贫困代际传递的"四力模型"③，还有研究者提出通过公共政策解决贫困代际传递问题④。

2.2.2 可行能力理论

阿玛蒂亚·森提出的"可行能力"是指有可能实现的、各种可能的功能性活动的组合，即个人实现各种可能的生活方式的实质自由，进而提出扩展个人实质性自由能够带来个人发展。他认为贫困的实质是可行能力的贫困。他还指出，贫困与失业是可以通过个人能力来解决的，具备可行能力能保证享有工作机会，并且真正的工作机会的获得也是通过个人能力来实现的。⑤

从可行能力角度考虑，在后脱贫期维持脱贫成果、防止返贫现象发生的过程中，脱贫群体的可行能力是关键因素，扩展个人享有的机会，增加个人生活选择过程的可能性。依据可行能力理论：一是个人实际上能够实现的功能性活动；二是个人所拥有的各种可能的可行能力集，即个人享有

---

① 李晓明. 贫困代际传递理论述评 [J]. 广西青年干部学院学报, 2006 (2)：75-78, 84.

② 史志乐. 教育扶贫与社会分层——兼论阻断贫困代际传递的可能性 [J]. 教育理论与实践, 2019 (04)：16-19.

③ 向延平. 教育贫困代际传递与阻断：教育精准扶贫路径选择 [J]. 当代教育论坛, 2018 (03)：32-37.

④ 潘星宇, 卢盛峰. 阻断居民贫困代际传递：基层政府支出政策更有效吗? [J]. 上海财经大学学报, 2018, 20 (01)：57-71.

⑤ (印) Amartya Sen. 以自由看待发展 [M]. 任赜, 于真, 译. 北京：中国人民大学出版社, 2009：87.

的真实机会。可见，可行能力理论所提出的个体能力发展强调主体性，注重个体差异，个人发展和成就可以按个人自己的价值和目标来选择。依据可行能力理论可以更深入地理解贫困内涵，引导贫困群体提升脱贫能力，也为我国贫困治理提供了理论基础。

2.2.3 增能理论

增能，又称充权、赋能，最初定义为个体、群体或者社区经由增能获得力量，在环境中能够掌握更多可能，在此基础上进一步地实现自己的目标。增能理论以追求社会资源的再分配为目标，反抗群体、阶层之间的不平等，针对的对象主要是社会弱势群体。

增能理论强调人本身具有价值和能力，将"弱势群体"界定为在社会中的不合理建构，即环境影响下，人可能失去了发现及发挥自身价值与优势的途径、机会或者能力。[①]根据增能理论，主要通过社会工作者介入他们中，从个人、人际交往和社会参与三个层面对贫困群体的增能途径进行研究。

首先在个体方面，主要是提升个人权力感和自我效能感，以增强个人主体性，从而提升贫困群体能够掌控自身生活的能力和与周围环境融合的能力。其次在人际关系方面，通过提升个人影响他人的具体技术、能力，与他人进行积极的相互影响，进而达到彼此自我权力和能力提升的目的。最后在社会参与方面，主要是对贫困群体利益诉求表达能力的提升，通过让其得到参与社会资源分配的机会，获得公正的、平等的社会待遇。

贫困群体在权能方面的缺失需要通过社会工作对贫困群体进行弥补，可以通过社会服务活动，使贫困群体参与社会资源分配，让他们的权利得到保障，帮助他们实在真正意义上的增能，提高自我效能感和个人权力感，强化个人主体性，具有掌握自己生活的决定权和行动权。

---

① 王雨柔. 后脱贫期农村贫困群体脱贫能力问题研究——基于能力视角思考［D］. 大庆: 东北石油大学, 2020.

2.2.4　贫困文化理论

贫困文化理论是美国学者刘易斯在20世纪60年代提出的理论。该理论认为贫困现象不单是经济现象，更是一个根源于经济、社会、文化的综合现象。所谓贫困文化就是贫困阶层所具有的一种独特生活方式，是长期生活在贫困之中的一群人的行为方式、习惯、风俗、心理定式、生活态度和价值观等非物质形式。①这种文化环境中成长的人们，不断地将文化传递，导致在贫困环境中成长的下一代对贫困文化形成固有观念，缺失自主改变的主动性和追求。

研究者将贫困文化理论与我国的贫困现象相联系，表示贫困文化是现代社会中的一种亚文化现象，是一部分处于贫困状态的人所形成的使贫困本身得以维持和繁衍的特定的文化体系。②研究者还表示，贫困文化是指贫困阶层所具有的一种独特生活方式，包括行为方式、习惯、风俗、心理定式、生活态度和价值观等非物质形式。③还有研究者从广义文化的角度给出界定，贫困文化是满足贫困群体生存和发展的一种亚文化，是相对贫困的人群在长期贫困生活中所创造的物质产品及行为方式等的总和。④

2.2.5　理论的启示

2.2.5.1　新时期低收入家庭大学生资助政策的启示

我国教育扶贫在高校的扶贫对象主要是低收入家庭大学生群体，而对低收入家庭大学生的识别工作是"精准扶贫"的主要内容之一。国家通过资助政策对低收入家庭大学生提供经济资助，以缓解学业和生活上的困难。研究者表示，低收入家庭大学生的成长环境一般都是经济相对落后的农村或偏远山区，由于家庭经济状况的限制，身心都承受着巨大的压力，

① 周怡.贫困研究：结构解释与文化解释的对垒[J].社会学研究，2002（03）：49-63.
② 宋镇修，王雅林.农村社会学[M].哈尔滨：黑龙江教育出版社，1993.
③ 吴理财.论贫困文化[J].社会，2001（8）：17-20.
④ 方清云.贫困文化理论对文化扶贫的启示及对策建议[J].广西民族研究，2012（04）：158-162.

这些因素造成他们相比其他同学心理健康水平偏低，[①]主要表现在精神病性、人际关系敏感、焦虑等方面，[②]其中抑郁是一种典型的心理健康较差的表现之一。[③]

　　根据贫困文化理论，可以分析贫困表现出的心理贫困的特征，一方面是不健康的心理状态；另外一方面是对成长的贫困环境的自然性，习惯性地接受资助，不主动争取改变贫困状况。因此，基于对贫困理论的分析，我国在实施资助政策时既要考虑对其进行经济帮扶，同时也要关注贫困大学生的心理健康教育，以及提升积极脱贫的本领，主动脱贫才能防止返贫现象的发生。

　　由此可见，贫困文化理论是帮助打破贫困文化代际传递的理论依据，为我国开展文化扶贫提供重要启示，阻断贫困文化的代际传递，鼓励贫困群体主动脱贫。研究者表示，文化具有群体性，它不是个人的生存活动方式，而是人群共同体共同拥有的一种生存活动方式。[④]贫困文化的群体性决定了贫困文化的传承性，代际间可传递这种文化。美国学者D. P.莫伊尼汉提出"贫困循环模式"，贫困群体由于受贫困文化的熏陶，往往缺少追求成功的动力，造成低成就动机，这导致他们受教育的机会较少，在就业上的竞争力薄弱，最终导致他们只能进入低收入职业，低的社会地位使他们更为贫困。[⑤]研究者表示，贫困群体因内在发展能力不足，导致他们自我消极脱贫，总在扶贫资助等政策上寻找出路，而产生出的政策依赖性心理，使他们严重缺乏主动脱贫的积极性，缺失内生发展动力。[⑥]

① 程刚, 张大均. 家庭社会经济地位对大学新生抑郁情绪的影响: 有调节的中介模型[J]. 心理与行为研究, 2018, 16(002): 247-252.

② 梁雅丽, 姚应水, 石玮, 等. 贫困大学新生心理健康与社会支持应对方式的关系[J]. 中国学校卫生, 2013, 034(006): 746-747.

③ Dixon, S K et al. Depression and College Stress among University Undergraduates: Do Mattering and Self-esteem Make a Difference? [J]. Journal of College Student Development, 2008(49): 412-424.

④ 郑杭生. 社会学概论新修[M]. 北京: 中国人民大学出版社, 1998.

⑤ 方清云. 贫困文化理论对文化扶贫的启示及对策建议[J]. 广西民族研究, 2012(04): 158-162.

⑥ 李全利. 贫困农户脱贫主体性不足的发生逻辑[J]. 华南农业大学学报(社会科学版), 2019(04): 21-32.

因此，根据贫困文化理论，要想打破贫困文化的代际循环，就要加强贫困群体后代的培养和教育，打破贫困文化的传承模式，使贫困群体后代能接受优质的教育。

2.2.5.2　新时期低收入家庭大学生能力提升的启示

通过对可行能力、增能理论、贫困文化理论的分析，研究者多是关注这些理论对于贫困群体脱贫能力的相关研究。研究者表示，从能力视角强调相信自身的能力，建立自信，引导低收入家庭群体自主发挥能力，从而增强脱贫能力。[①]研究者通过调研发现贫困群体的知识匮乏、社会资本薄弱等现状，影响到其脱贫能力的提升。[②]还有研究者通过分析得出客观环境、制度障碍等方面的影响，会导致贫困群体脱贫能力不足的情况。[③]研究者指出，贫困群体自身的志向缺乏、信念消极等主观脱贫意识缺失的现象，会阻碍他们的内生脱贫动力的激发。[④]

有研究者表示，通过增加低收入家庭群体在扶贫工作中的参与度，并对其进行项目赋权，进而增强他们的成就感和责任感，通过这种方式培养其主动脱贫意识。[⑤]还有研究者认为，针对有金融需求的贫困群体提供各种金融服务、劳动技能和创新知识培训，进而帮助其减贫脱贫。[⑥]研究者强调增加贫困群体在扶贫工作中的主体性和能动性，有益于促进贫困群体对象的自主参与。[⑦]由此可见，依据贫困理论分析贫困群体的脱贫能力的现状及原因一直是学者关注的重点，也是我国脱贫工作的重点关注内容。

---

① 梁伟军, 谢若扬. 能力贫困视阈下的扶贫移民可持续脱贫能力建设研究 [J]. 华中农业大学学报（社会科学版）, 2019（04）: 105-114+174-175.

② 丁胜利, 邓洪洁, 吴刚. 外源式扶贫背景下农户脱贫的内在动力研究 [J]. 湖北经济学院学报, 2017（05）: 19-25.

③ 曲海燕. 关于贫困人口自我发展能力的探析——概述、现状及建议 [J]. 现代管理科学, 2018（10）: 82-84.

④ 杭承政, 胡鞍钢. "精神贫困"现象的实质是个体失灵——来自行为科学的视角 [J]. 国家行政学院学报, 2017（04）: 97-103.

⑤ 曲海燕. 关于贫困人口自我发展能力的探析——概述、现状及建议 [J]. 现代管理科学, 2018（10）: 82-84.

⑥ 郭利华. 以金融扶贫推动贫困人口的能力建设 [N]. 光明日报, 2016-11-15.

⑦ 王思斌. 精准扶贫的社会工作参与——兼论实践型精准扶贫 [J]. 社会工作, 2016（03）: 3-9.

2.3 精准就业帮扶的政策演进

2.3.1 精准就业帮扶的概念及内容

2.3.1.1 精准就业帮扶的概念

2007年《中华人民共和国就业促进法》将就业援助制度纳入了专项社会求助体系中，为精准就业帮扶的开展提供了法律依据。2016年《关于印发"十三五"脱贫攻坚规划的通知》中就业扶贫的内容首次被提出。就业扶贫是指通过政策扶持和就业创业措施，促进贫困群体就业，增加经济收入，实现脱贫目标。通过给贫困群体就业上的帮扶增加其经济收入，进而改善生活状况，是脱贫的重要手段。就业扶贫是激发贫困群体内生动力的重要手段，也是促进脱贫的重要举措，通过就业扶贫促进贫困群体就业能力的提升，最终实现长效脱贫机制。

就业扶贫是将"输入式"脱贫转为"造血式"脱贫方式的转变，是精准就业帮扶的新模式。就业不仅仅是个人问题，也是社会问题。就业问题的解决是消除贫困的根源，使低收入家庭群体具备自力更生的生存能力，从而阻断贫困的代际传递。

2.3.1.2 精准就业帮扶的内容

国外学者多是从就业援助、社会保障等方面对贫困治理进行研究。研究者多从就业角度来关注帮扶能从哪些方面解决贫困的问题。研究者表示，失业不仅会带来物质的匮乏，还会带来精神的痛苦，因此其代价是巨大的，必须通过积极的就业政策着力解决失业问题，失业率的降低也能遏制贫困的蔓延。人口贫困主要表现在收入水平的低下，以及因能力的缺失导致的人的健康、教育水平等基本可行能力被剥夺，因此贫困治理的着眼点应该集中在人的发展上，要以促进人的发展为核心，改善其素质和能力。贫困不只是自身资源的匮乏，抵御风险能力的丧失、缺乏影响力和无法正常表达诉求是贫困的外延；使贫困者获取劳动收入是减贫的最重要因素，提供就业是提高生活质量的关键举措。①

国内研究者结合我国脱贫问题，对精准就业帮扶做了相应的研究，国内研究者多是从就业扶贫与返贫问题的关系出发开展相关研究。研究者表示，就业扶贫不仅给供给侧结构性改革所需的人才的培养提供了支撑，更是稳定脱贫成果可持续性的重大举措。②还有研究者对我国就业扶贫政策进行了梳理，构建了三维的就业精准扶贫框架，提出就业扶贫政策实施的必要性。③我国的就业扶贫成为精准扶贫的成功经验，也为世界扶贫工作起到了示范作用。④也有研究者认为，创业就业是增强贫困群体主动脱贫意识，可持续提高贫困群体经济收入的重要路径，通过就业扶贫能有效解决贫困脆弱性，实现贫困群体的真正脱贫。还有研究者从微观—中观—宏观三个层面阐述了我国扶贫减贫的逻辑关系，提出政府要充分发挥主导作用，增加贫困群体的就业机会，激活他们内生发展动力，从而主动脱贫。⑤

可见，研究者从不同角度归纳了精准就业帮扶的内容，并进一步指出了就业扶贫的发展方向和完善思路。就业扶贫是精准扶贫战略中的重要帮扶路径，能够通过为低收入家庭群体提供就业岗位，促进其提升自我发展能力并最终实现脱贫。

2.3.2　精准就业帮扶的政策演进

精准就业帮扶是我国扶贫的重要战略和扶贫手段，就业扶贫也是增加低收入家庭群体收入、改善民生状况、促进脱贫致富的一项重要政治任务。通过就业扶贫可以提升低收入家庭群体的就业创业能力，帮助其稳定就业、巩固脱贫成果。就业扶贫也越来越受到政策制定者的关注，从国家层面，以国务院及国务院扶贫办颁布的相关政策为宏观部署，人社部、财

① 世界银行. 2013年世界发展报告：就业［M］. 北京：清华大学出版社，2013：26.
② 赵丽娜. "微时代"背景下高职院校学生思政教育存在的问题及对策研究［J］. 陕西教育（高教），2018（06）：75+77.
③ 张丽宾. 就业精准扶贫理论研究［J］. 中国劳动，2018（03）：4-14.
④ 蔡昉. 提升教育质和量　加快人力资本积累［N］. 中国劳动保障报，2018-05-05（003）.
⑤ 田甜，冯帆，左停. 我国农村人口的就业概况及性别代际差异研究——基于2016年全国22省1095份调查数据［J］. 华东经济管理，2018，32（09）：50-56.

政部及其他相关部门做出了相应的具体规定。我国已经形成了国家层面的就业扶贫框架，其实施力度和优先程度也在不断提高。

2.3.3 精准就业帮扶的研究现状

关于精准就业帮扶的研究一直是研究者关注的热点问题，从不同角度及研究方法对该问题进行分析，并提出建议及解决对策。研究者表示，精准扶贫需要从根本上解决"造血式"的就业帮扶，以实现低收入家庭群众内生发展动力的可持续性。[①]研究者提出，就业扶贫需要提高就业培训的精准度，实施"培训一人、就业一人、脱贫一户"的帮扶策略，[②]特别要对低收入家庭群体开展就业技能培训，加大就业扶贫投入力度。[③]在就业扶贫中政府要加大引导力度，提供强有力的保障措施，[④]还需要创设就业服务平台、创新就业扶贫方式、展开就业技能培训，充分发挥精准就业扶贫的作用。[⑤]

还有研究者从就业扶贫要求的角度提出建议，推进信息系统建设，优化公共就业服务，强化典型示范引领，激发脱贫内生动力。[⑥]还有研究者提出了优化就业扶贫政策、发展县域经济、短期技能培训与长期智力扶贫相结合等方面的建议。可见，国内研究者主要是围绕精准就业帮扶的意义、精准就业帮扶的主要方式、精准就业帮扶的成效和问题，以及对精准就业帮扶的建议等方面进行研究。

国外对就业扶贫的政策也很关注，欧美很多国家通过"福利改革法"和"工作支持法"激励低收入家庭群体走上工作岗位，从而提高劳动力数量和减少贫困率。法国实施"积极就业团结收入"计划，失业者每月能够领取 400 多欧元失业金，如果积极参与临时性工作或低收入工作，就能得到部分失业补助金。德国在 20 世纪 90 年代推出扶贫"团结协议"，近些

① 公衍勇. 关于精准扶贫的研究综述 [J]. 山东农业工程学院学报, 2015 (03): 75-78.

② 曹瑜, 郭立萍, 贾月亮等. 大学生人格影响因素的分析及完善其人格培养的对策 [J]. 思想政治教育研究, 2017 (01): 150-154.

③ 孙菲. 以就业为导向的高校音乐专业教育课程教学改革创新 [J]. 北方音乐, 2017 (13): 164.

④ 李长安. 经济新常态下我国的就业形势与政策选择 [J]. 中国培训, 2017 (20): 50-54.

⑤ 吴迎先. 就业扶贫在精准脱贫攻坚中的作用分析 [J]. 人才资源开发, 2016 (20): 121.

⑥ 孙颖慧. 加强人力资源管理, 吸引大学生到基层工作 [J]. 中国农业会计, 2018 (09): 43-45.

年居民呼吁德国政府应加强扶贫针对性，重新规划该协议。[①]

2.4 精准就业帮扶的长效机制

2.4.1 精准就业帮扶长效机制构建的策略

2.4.1.1 强化就业制度保障

党的十八大以来，我国的脱贫攻坚工作取得决定性胜利。2020年，我国已经完成脱贫攻坚的目标任务。进入新时期，相对贫困是我国后脱贫时代的特点，同时，保障脱贫成果的可持续性及防止返贫问题的出现是我国在后脱贫时代的工作重点。以我国在脱贫攻坚战役中取得胜利的经验，更加明确制度的保障作用。因此，在相对贫困治理的过程中，我们需要继续发挥制度的保障优势，集中力量精准发力。

保障制度的有效衔接。将巩固脱贫成果和消除相对贫困两者相结合。保障现有成熟的扶贫政策的延续性，对低收入家庭群体要持续给予政策的帮扶和关注，要实施"摘帽不摘政策"，确保扶贫制度充分发挥功能性，巩固脱贫成果的同时兼顾相对贫困治理问题。在原有的脱贫制度政策的基础上，依据低收入家庭的问题重新制定更符合低收入家庭群体实际需求的制度。做到持续关注低收入家庭问题，并给予低收入家庭群体更满足其需求的政策扶持。从国家层面设立专门的就业扶贫机构，统筹管理全国就业扶贫机构，将就业扶贫工作常态化。

加强扶贫的监督机制。针对后脱贫时代的相对贫困治理要设立专门的就业扶贫监督部门，设置统一化的就业扶贫考核评估规范，考核指标要精准化，建立客观的考核机制。将低收入家庭群体的扶贫成效与就业扶贫绩效考核相挂钩，低收入家庭群体真实就业能力提升情况是就业扶贫工作的真实体现。建立一体化的监督考核机制，将政府、低收入家庭群体、社会协同构建机制主体，构建客观科学的就业扶贫考核体系。

---

① 杨娟娟. 精准扶贫视角下十堰市就业扶贫问题研究 [D]. 武汉：华中科技大学，2019.

2.4.1.2 转变就业帮扶理念

"加强扶贫和扶志、扶智相结合"是扶贫工作论述的重要内容，也为后脱贫时代就业扶贫指明了方向、提供了依据。"扶志就是扶思想、扶信心、扶观念，着力帮助贫困群体树立摆脱贫困的斗志与勇气；扶智就是扶知识、扶思路、扶技术，着力帮助贫困群体提高脱贫致富的综合素质。"[①]在转变扶贫理念、加强扶志和扶智的建设方面，就业扶贫要针对低收入家庭群体加强其就业能力的提升，形成扶贫工作的良性循环。

扶志为低收入家庭群体提升内生动力提供信念的基础。后脱贫时代，在转变扶贫理念的带动下，要转变以往的物质资助的扶贫方式，要坚持"治贫先治愚、志智双扶"的理念，注重低收入家庭群体主动脱贫意识的培养，提高低收入家庭群体的人力资本，加强低收入家庭群体的参与度，转变脱贫理念，提升低收入家庭群体的自我效能感和主动性，充分调动其积极参与到脱贫中，改变被动接受的态度，向主动参与能力提升的态度转变。激发内源式脱贫，提升就业能力，精准就业帮扶才能持续有效。

2.4.1.3 健全就业帮扶评价体系

制定就业扶贫评价指标是推进就业扶贫政策规范化的重要依据，要充分发挥就业扶贫评价的功能性作用。在政府层面要遵循扶志与扶智相结合的扶贫特点，评价的侧重点要放在相对贫困群体的教育水平提升方面，阻断脱贫后返贫的问题。加大对高校就业扶贫工作的支持，拓展扶贫途径，重视能力的培养和提升。改善考核机制、评价机制和人才培养体系，激发低收入家庭群体主动脱贫的积极性，调动脱贫的主动性，制定完善的就业扶贫考核体系，重视过程性评价。

低收入家庭群体就业帮扶政策的落实情况，需要通过评价及反馈机制不断调整和完善。不仅要加强监督与考核评价，通过建立低收入家庭地区的就业扶贫政策的监督机制，监督低收入家庭群体的就业扶贫过程的政

---

① 胡光辉. 扶贫先扶志, 扶贫必扶智——谈谈如何深入推进脱贫攻坚工作 [N]. 人民日报, 2017-01-23 (16).

策实施情况，还要根据实际就业扶贫情况调整就业扶贫策略，确保低收入家庭群体能够充分享受到国家给予的就业帮扶政策，切实地以提升低收入家庭群体的就业能力为帮扶目标。完善低收入家庭群体就业帮扶的考核评价机制，提升低收入家庭群体的帮扶质量，以脱贫的实际成果进行考核评价，督促低收入家庭群体提高就业质量。

2.4.2 精准就业帮扶长效机制构建的路径

2.4.2.1 加强可持续性，保障就业帮扶长效性

2020年我国已达到全面建成小康社会的目标，帮扶工作的重点转向稳定脱贫成果及防止返贫阶段。其中，就业帮扶是一个系统化、长期化的过程，在漫长的就业帮扶过程中，就业帮扶不仅要发挥其提升低收入家庭群体就业能力的作用，还要具备可持续关注低收入家庭群体的实际就业状况及需求，以建立长效的就业帮扶机制。政府应充分发挥其功能性，不断增强其统筹和服务功能，提高就业帮扶的治理效用。后脱贫时代就业帮扶不仅需要持续性地发挥就业促脱贫的作用，还要服务于提高脱贫能力等根本性问题。可见，就业帮扶要注重可持续性发展。

政府要加大就业帮扶资金的投入力度，将就业帮扶资金侧重于提高低收入家庭群体的脱贫能力的提升方面，如增加对低收入家庭群体就业培训的投入及就业技能的培训等。各类优质的就业帮扶资源向相对贫困群体提供，达到教育资源的均衡，改善低收入家庭较差的教育环境，提高低收入家庭的就业能力水平。保障低收入家庭就业帮扶投入的可持续性，完善就业帮扶制度建设。政府应充分发挥在就业帮扶中的主导作用，实现政府的宏观掌控，扩大就业帮扶力度，确保低收入家庭就业帮扶的可持续性发展。

确保国家层面对相对贫困群体就业资源投入的帮扶政策。低收入家庭一般所处的地理环境及生活环境都相对较差，即使是后脱贫时代低收入家庭仍然是我国帮扶的重点对象。他们仅依靠外在物质的资助还是难以改变生活状况，更需要的是通过就业帮扶提升脱贫能力，具体而言就是获得就业能力的提升，而这些方面的提升更需要政策的支持。只有通过优惠的就

业帮扶政策培养脱贫能力，才能从根本上彻底消除相对贫困。因此，在新时期政府要让更多就业帮扶政策向低收入家庭倾斜，以此推动低收入家庭就业帮扶的有效执行与落实。

2.4.2.2　增强人才建设，注重能力的培养

新时期需要解决的一个重要问题是低收入家庭的返贫问题，实则问题的根源是低收入家庭缺乏自身的脱贫能力，这种能力欠缺的重要原因在于其主动提升能力的动力不足，这也制约着低收入家庭脱贫成果的可持续性。低收入家庭脱贫能力提升这个核心问题不解决，则难以达到"造血式"脱贫。增强低收入家庭的就业技能，是将就业扶贫与能力扶贫有效结合的主要途径。在就业扶贫政策的帮扶下，强化低收入家庭的就业能力培训，可提高低收入家庭的劳动生产效率，确保脱贫成果的可持续性。

激发低收入家庭的就业创业积极性，不仅要从就业政策方面支持低收入家庭群体，还要从技术上给予帮扶。充分利用就业创业培训对相对贫困群体进行就业潜能的挖掘，提高就业创业技能，激发成就动机，促使其主动创造经济来源。提升低收入家庭群体接受就业教育的理念和学习意识，通过就业技能的学习使低收入家庭群体树立自力更生的生活态度，引导其主动追求美好生活。通过就业扶贫促使低收入家庭群体积极参与脱贫工作中，由被动接受脱贫转为主动参与脱贫。通过就业扶贫增强低收入家庭群体的知识与技能，提高低收入家庭群体的人力资本，拓展其脱贫能力。注重过程与效果的协同共建，达到脱贫的可持续性与常态化。

2.4.2.3　优化帮扶模式，构建帮扶支持网

鼓励低收入家庭群体接受社会关系网所提供的脱贫资源，加强其与政府、企业之间的协同联系。政府和企业所开展的脱贫工作要以低收入家庭群体的现实需求为出发点，采纳其意见，提高就业帮扶的精准性。同时，构建低收入家庭群体的支持网络，实现资源共享。通过构建相对贫困地区就业帮扶社会支持网络，鼓励低收入家庭群体参与到政府与企业脱贫帮扶机制中，搭建共同参与、协商合作的脱贫模式。提高低收入家庭的脱贫动力，建构脱贫互助网络，拓宽脱贫模式，构建可持续脱贫机制。

构建多方参与互动的脱贫模式，实现人才培养与精准扶贫双向互动。高校的教育扶贫不仅要注重知识层面的帮扶，更需要拓展扶贫模式，将教育扶贫思想和理念通过各种途径传达到基层相对贫困群体中，充分调动教育扶贫资源将扶贫模式从传统的教室拓展到基层组织中，鼓励和支持大学生积极参与到扶贫工作中，参与志愿服务等教育扶贫项目。特别是将教育产出的科学研究成果转换到更需要的国家扶贫战略中，将科学研究技术成果应用在亟须科研注入的国内产业中，充分发挥科研成果与现实脱贫需求的有效结合作用。

3 就业能力的内涵及其研究进展

3.1 就业能力的内涵

3.1.1 就业能力的概念界定

3.1.1.1 就业能力的研究

多个学科的学者一直关注学生就业能力的培养和发展。就业能力作为直接影响大学生成功就业的一个重要因素（Lau et al.，2014），[1]是使其能够获得一份工作的核心能力（Harvey，2001）。[2]相关研究证明，学生就业能力发展具有重要性（Sin et al.，2019），[3]可以促进大学生成功就业（Gbadamosi et al.，2015）。[4]而进一步的研究发现，个体的内在因素（Millard，2020）[5]对学生就业能力的发展会产生影响。因此，本研究

① Lau H H, Hsu H Y , Acosta S , & Hsu T L. Impact of participation in extra-curricular activities during college on graduate employability: An empirical study of graduates of Taiwanese business schools [J]. Educational Studies, 2014, 40 (1)：26-47.

② Harvey L. Defining and measuring employability [J]. Quality in Higher Education, 2001, 7 (2)：97-109.

③ Sin C, Tavares O, Amaral A. Accepting employability as a purpose of higher education? Academics' perceptions and practices [J]. Stud. Higher Educ, 2019 (44)：920-931.

④ Gbadamosi G, Evans C, Richardson M, Ridolfo M. Employability and students'part-time work in the UK: Does self-efficacy and career aspiration matter? [J] British Educational Research Journal, 2015, 41 (6)：1086-1107.

⑤ Millard L. Students as colleagues: The impact of working on campus on students and their attitudes towards the university experience [J]. The Journal of Teaching and Learning for Graduate Employability, 2020, 11 (1)：37-49.

将对大学生就业能力的内在决定性因素进行进一步的探究（Donala et al.，2019）。①

由于研究背景的差异，不同学者从多角度对大学生的就业能力展开相关研究，但大多是从低收入家庭群体的角度对就业能力进行研究（Huet al.，2020），研究发现就业能力是使其获得职业成功的关键因素（Flores et al.，2016）。②以往研究者多是在低收入家庭大学生群体资助帮扶（Melguizo, Sanchez，&Velasco, 2016；张存禄et al.，2021）③以及心理健康（Lynch, Smith, Kaplan, &House, 2000）等方面做了大量相关研究。然而，有研究发现，接受学生贷款或外在的帮助，并不会对贫困大学生产生任何可衡量的改善。还有研究发现，就业能力是使其实现职业选择获得就业机会、胜任工作岗位需求并维持就业现状的关键能力（Eimer et al.，2021）。④因此，本研究将进一步针对贫困大学生群体就业能力的前因变量进行研究。

就业能力是个人在劳动力市场中的一个关键因素（Fugate, Kinicki, and Ashforth, 2004），⑤并在高等教育中引起了高度关注，因为大学和个人都对提高毕业生的就业能力感兴趣（ConfederationofBritish Industry 2009）。⑥Fugate等人（2004）将就业能力称为一个人识别和实现职业

① Donald W E, Baruch Y, Ashleigh M J. The undergraduate self-perception of employability: human capital, careers advice, and career ownership[J]. Studies in Higher Education, 2019, 44 (4): 599-614.

② Flores L Y, Navarro R L, Ali S R. The state of scct research in relation to social class: future directions[J]. Journal of Career Assessment, 2016(21).

③ Melguizo T, Sanchez F, Velasco T. Credit for low-income students and access to and academic performance in higher education in Colombia: A regression discontinuity approach[J]. World Development,2016(80):61-77.

④ Eimer A, Bohndick C. How individual experiential backgrounds are related to the development of employability among university students[J]. Journal of Teaching and Learning for Graduate Employability, 2021, 12 (2): 114-130.

⑤ Fugate M, Kinicki A J, Ashforth B E. Employability: a psychosocial construct, its dimensions, and applications[J]. Vocat Behav, 2004(65): 14-38.

⑥ Confederation of British Industry. Future Fit: Preparing Graduates for the World of Work[M]. London: Confederation of British Industry, 2009.

机会的能力。就业能力是由各种（内部和外部）因素决定的个人特征（Vermeulenet al., 2018; Shahzadet al., 2020），[1][2]描述了一个人有多大能力成为可就业者并保持就业能力。

　　研究人员对就业能力如何影响人们做了大量的研究。研究结果表明，人力资本、职业建议和职业所有权是自我感知就业能力的重要组成部分（Donaldet al., 2019）。[3]还有相关研究从大学生个人的经历背景对其就业能力发展的关系进行探究（Eimer et al., 2021）。[4]研究发现，志愿服务对大学生就业能力有不同影响（Millard, 2020），[5]也有研究从个体内在因素的角度进行，如职业自我效能感对就业能力的影响（Magagula et al., 2020）。因此，本研究主要针对低收入家庭大学生群体从个体内在因素和外在因素的角度对其就业能力的影响进行探讨。

3.1.1.2　就业能力的概念

　　由于研究视角和研究领域各不相同，对就业能力的研究随着时间的推移而不断演变。随着劳动力市场的变化，频繁的工作转换、职业变更已成为社会经济活动和劳动力市场的常态。就业能力的研究对象也随着时间的变迁不断地完善，从个人到劳动力市场再到企业组织，目前是侧重对人力资源的研究，研究也更加多样化。

　　国外的研究者对就业能力的研究比较早，从1955年研究者Feintuch提

① Vermeulen B, Kesselhut J, Pyka A, Saviotti P P. The impact of automation on employment: just the usual structural change?[J]. Sustainability, 2018(10):1661.

② Shahzad M, Qu Y, Ur Rehman S, Zafar A U, Ding, X, Abbas J. Impact of knowledge absorptive capacity on corporate sustainability with mediating role of CSR: analysis from the Asian context [J]. Environ. Plann. Manag, 2020(62):148-174.

③ Donald W E, Baruch Y, Ashleigh M. The undergraduate self-perception of employability: human capital, careers advice, and career ownership[J]. Stud. Higher Educ, 2019(44):599-614.

④ Eimer A, Bohndick C. How individual experiential backgrounds are related to the development of employability among university students[J]. Journal of Teaching and Learning for Graduate Employability, 2021, 12(2): 114-130.

⑤ Millard L. Students as colleagues: The impact of working on campus on students and their attitudes towards the university experience[J]. The Journal of Teaching and Learning for Graduate Employability, 2020,11(1):37-49.

出就业能力（Employability）的概念，界定就业能力是个体能够获得雇佣机会的能力。[①]研究者从心理学、管理学、教育学等学科角度对就业能力的内涵进行界定，现对就业能力的构成进行梳理，见表3-1。

表3-1　国外研究者提出就业能力的概念

时间（年）	研究者	就业能力的概念
1995	Melanghlin	能够获得、保持并持续进行一份工作的能力；获得并维持工作所必备的技能、态度与兴趣；与他人共同工作以获取最佳效果的能力
1996	Law	自我认识概念、对职业存在风险的评估和适应、学习动机；教育、职业定向、求职效率、相关工作经验和成果就业经历共同形成的人力资本；身份特征和身份表现
1998	Bowe	个体的知识；知道如何运用知识；如何做
1998	Mitehell	智力能力；沟通、团队合作、适应性和积极的态度与行为；创造力和创新性、辨识和抓住机会；工作岗位相关能力
1998	Pollard	个体态度、知识与技能；管理能力、求职能力、策略性；展示就业能力资产；个体适应就业市场，实现就业的能力
2003	Forrier	劳动力市场对个体的行为要求；对未来工作场景的期待
2004	Fugate 等	自我认识的职业生涯；不断学习，以满足工作需要的意愿和能力；个人拥有的实现职业生涯机会的设计网络；个人的教育背景、工作经历和情商等方面
2004	Knight等	自信、情绪管理、适应能力、学习动机和反应能力；计算能力、口头和书面表达、倾听技能、分析解决能力和自我管理能力；对专业知识的理解力、计算机应用能力
2005	W.Mcqumd 等	基本社会能力；勤奋、乐观、自信；阅读能力和计算能力；问题解决能力、沟通能力、团队合作能力、对自我的管理；受教育水平、专业知识与技能、工作经验
2007	Lees	学习动机、责任感、可靠性、自我激励、团队合作、言语与署名表达能力和自我管理能力

[①]　Feintuch A. Improving the Employability and Attitudes of"Difficult to Place"Persons [J]. Psychological Monographs, 1955（7）：1-20.

续表

时间（年）	研究者	就业能力的概念
2010	Mohd Yusof Husain	就业能力是个人在学习和工作中取得成功所应具备的一般性的技能、品质、知识、能力、特征等，它们能被运用到不同的主题领域、不同的工作和生活环境中去
2011	Pan, Y.-J., and Lee, L.-S.	工作所需的一般能力和专业能力，工作态度、职业规划能力和信心

关于就业能力，大部分国内研究者对其的界定都认同就业能力是学生顺利求职的综合能力的体现。研究者郑晓明指出，大学生就业能力是其在校期间通过学习知识和开发综合素质而获得的能够实现就业理想、满足社会需求、实现自身价值的能力，包含四个方面：通用能力、个人素质、专业技能、求职技能。①研究者从不同的研究角度对就业能力的内涵进行了界定，现根据时间进行梳理，见表3-2。

表3-2　国内研究者提出就业能力的内涵

时间（年）	研究者	就业能力的内涵
2002	郑晓明	大学生在学校期间通过知识的学习和综合素质的开发获得的实现就业理想、满足社会的需要、实现其价值的能力
2007	黄敬宝	由先天性因素和后天性因素共同形成的能够顺利就业的综合能力
2009	朱新秤	成功获得工作、保持工作及转换工作所具有的知识与技能及各种能力的集合
2010	贾利军	影响大学生是否顺利就业的个性心理特征和通用能力的总和
2011	王雅荣等	个人属性、群体效果能力、成就动机和动态完善
2013	康廷虎等	职业获得能力、职业发展能力；角色认知、人际管理、社会适应
2013	贾利军等	生活态度倾向、谈吐、精神风貌、礼仪性、工作取向、内在修养、社会化行为、积极主动性、日常生活安排；处理问题的能力、独立性
2014	彭树宏	自我营销、知识、计划组织能力、沟通能力；责任心、自我管理能力、科学思维能力、信息获取与利用能力、自信

---

① 郑晓明. "就业能力" 论 [J]. 中国青年政治学院学报, 2002（3）: 91-92.

续表

时间（年）	研究者	就业能力的内涵
2015	黄炳超	基本知识、沟通表达能力、阅读能力、写作能力、计算机运用能力；专业知识、学习能力、思维能力、分析判断能力；创新意识、动手能力、开发能力、想象力、创造力；性格、气质、态度、个性
2018	肖焰等	学习能力、实践能力、求职能力；社会关系的积累、社会关系对就业的帮助；心理素质、个人品质

可见，现有研究对就业能力构成要素及内涵的研究较为丰富，但是，已有研究中关于就业能力内涵的概述及其结构维度的研究尚未统一，有的研究者关注团队合作能力，有的研究者关注社会应对能力，有的研究者关注通用技能方面。因此，为了更好地了解本研究的研究对象——低收入家庭大学生就业能力的结构，有必要从一个整合的视角，对其就业能力进行研究，以提出相对较为全面且清晰的认知框架。

大学生就业能力的研究，研究者对此的界定是一种有关就业的能力。大学生就业能力是与职业相关的能力，是影响大学生能够成功就业的联系最紧密、最根本的因素，具有一般性和灵活性，不依据具体工作或者行业的改变而改变，就业能力不仅仅指实际能力，还可以是潜在能力，可以通过学习活动、实践活动而获得。[1]研究者指出，大学生就业能力不是单纯地指其获得工作机会的能力，而应该是大学生获得并能够保持与其学历学位相符的满意度较高、竞争性较大的职位的能力。[2]

根据本研究的群体的特殊性，对就业能力从大学生对就业能力的自我认知的角度进行界定，采用研究者提出的学生就业能力，包括工作所需的一般能力和专业能力、工作态度、职业规划能力和信心。[3]

---

① 黄金玉.大学生就业能力模型的建构与验证[D].苏州：苏州大学, 2014.

② Boden R, Nedeva M. Employing discourse: universities and graduate, employability[J]. Journal of Education Policy, 2010, 25(1): 37-48.

③ Pan Y J, Lee L S. Academic performance and perceived employability of graduate students in business and management—an analysis of nationwide graduate destination survey[J]. Procedia Soc. Behav, 2011(10):531.

3.1.2 就业能力的结构

对就业能力概念的界定决定了就业能力结构研究的差异性，对就业能力结构的确定涉及对就业能力测量的实施。在就业能力构成研究方面，国外研究组织的研究比较有代表性。美国劳工部的就业技能调查委员会将就业能力分成五个大类、十六项技能，分别是基础能力、沟通能力、适应能力、群体效果和影响能力。[①]英国高等教育学会将就业能力分为创造性思维、学习意愿和热情、执行力、独立完成任务的自主性等。[②]澳大利亚国家培训协会将就业能力分为生存的基础技能、求职技能、适用于所有行业的一般性技能等。

这方面研究表示，就业能力构成要素应该从内外两个方面来考虑，内部维度是关乎个人能力和特质的要素，外部维度则是除却个人特征之外的要素。[③]也有研究者从个体身上的知识、技能和态度三个方面对就业能力的构成进行界定，包括逻辑理解能力、人际关系能力、语言表达能力、沟通能力和服务技能、适应环境能力等方面的内容。[④]还有研究者提出大学生应该具备的就业能力结构应该包括专业知识与专业技能、信息搜索能力、逻辑、应对突发事件的能力、执行力、团队协作能力、有效表达与沟通、职业生涯管理能力等。[⑤]

国内研究者表示，就业能力可以分为学习能力、逻辑能力、动手实践能力、应聘能力等方面的能力，同时应该拥有良好的智力资本和能力资本。[⑥]还有研究者从基础技能和个体管理技能方面界定大学生就业能

① 沈漪文. 基于能力框架的HRST能力建设研究［D］. 杭州: 浙江大学, 2009.

② 王颖. 基于高等教育影响的个人就业能力研究［D］. 大连: 大连理工大学, 2006.

③ Lane D, Puri A, Rajan A. Employability: Bridging the Gap Between Rhetoric and Reality. Second Report: Employee's Perspective［J］. Create Professional Development Foundation, 2000（3）: 78-80.

④ Keams. Generic skills for the new economy［J］. Australia: NCVER. Majumdar, S. 2001（12）: 13-16.

⑤ Richard Zinser. Developing career and employability skills: a US case study［J］. Education& Training,2003,45（7）: 402-410.

⑥ 郑晓明. "就业能力"论［J］. 中国青年政治学院学报, 2002（3）: 91-92.

力。[①]研究者通过自编的就业能力问卷对大学生的就业能力进行测量，表示大学生就业能力包括9个因素，分别是协作精神、应对突发事件与解决问题、内省性、专业知识与技能等。[②]

研究者从不同的研究视角界定大学生就业能力的结构，研究方法大多都使用尚且单一的理论演绎，缺乏实证性，有的将大学生就业能力简单定义为获得工作，未考虑职业发展问题，获得工作不能完全代表就业能力。本研究根据研究对象低收入家庭大学生群体的特殊性，采用研究者关于学生就业能力的界定从四个维度，即一般工作能力（8个项目）、专业工作能力（PAW）（4个项目）、工作态度（AW）（3个项目）以及职业规划和信心（3个项目），对大学生就业能力进行测量。

现对大学生就业能力结构的研究进行梳理，见表3-3。

表3-3　大学生就业能力结构的文献梳理

研究者	就业能力的结构
Hillage and Pollard（1998年）	就业资产（知识、技能和个人态度构成）；表现能力，指在求职过程中表现其知识、技能和态度的能力；规划能力，指职业生涯管理能力和战略能力；环境，指个人背景和劳动力
Bennett et al.（1999年）	专业的知识；专业技能；职业意识；职业（实习）经历；通用能力
Keam S.（2001年）	基本技能（文学修养、数字能力、沟通、数字的运用、信息技术、解决问题的能力、理解能力）；交际能力（与别人合作的能力、顾客服务技能、现代语言）；个人品性（学习意愿强烈并且有能力学习、适应及利用变化的能力、不断改善学习和绩效、个人职业生涯管理能力）
Yorke and Knight（2004年）	专业理解力（知识）；技能（包括关键技能）；自我效能感（包括自我发展意识）；元认知（包括学会如何学习的能力）
Dacre Pool & Sewell（2007年）	专业知识、认知和技能；通用技能；情商；职业发展知识；社会工作的经历
Ruth Bridgstock（2009年）	学生的个性和个人特征；特定的专业技能；通用能力；自我管理能力；职业开发能力

① 汪铎. 就业能力：促进高校毕业生就业的重要方面[J]. 教育发展研究, 2005（4）：31-34.

② 罗峥, 方平, 付俊杰等. 大学生就业能力的结构初探[J]. 心理学探新, 2010（1）：74-77.

续表

研究者	就业能力的结构
张丽华、刘晨楠（2005年）	思维能力、社会适应能力、自主能力、社会实践能力、应聘能力，其中，因子一包括创新、耐心、信息处理能力、分析判断能力、洞察力、解决问题能力以及应变能力；因子二包括忍耐力、心理调适能力、抗挫力、抗压力以及修饰力；因子三包括勤奋、计划能力、风险精神以及自学能力；因子四包括社交能力、沟通能力、合作能力以及组织能力；因子五包括竞争意识、推销能力、自信以及表达能力
刘新民、王垒、吴士健（2009年）	素质维度包括个人态度、职业适应性、个性特质；能力维度包括学习能力、信息获取能力、分析判断能力、沟通协调能力、自我调控能力、团队协作能力、时间执行能力、印象管理能力

3.2　就业能力与就业的关系研究

3.2.1　就业能力与就业的关系

研究者从不同角度对大学生就业能力和就业的关系进行了研究，研究者认为高校应该侧重对大学生就业能力的培养，大学生的就业能力越强越容易找到合适的工作岗位，而且研究显示大学生的就业能力与就业结果之间强相关性。[1]研究者还表示，大学生要想保持就业的优势就需要高校对课程进行调整，以培养大学生获得并维持就业能力。[2]

我国的研究者通过问卷调查的方式对大学生就业能力与就业质量之间的关系进行研究，结果显示就业能力与就业质量存在正相关关系，就业能力越高，就业质量就越高。[3]还有研究者通过问卷调查发现，就业能力分为分析和解决问题的能力、个人品质、沟通和合作、自我意识等四个维

---

[1] 李丽. 就业力的内涵、结构及对大学生就业的影响研究 [D]. 济南: 山东财经大学, 2012.

[2] Jane O' laery. What we can infer from Australian Graduate Employment Statistics: The discrepancy between employers' Expectations and Graduate Performance [J]. Quality in Higher Education, 1997.

[3] 孟云云, 王峰, 孙玲. 大学毕业生就业能力与就业质量的关系研究——以徐州工程学院2013届毕业生为例 [J]. 高校辅导员学刊, 2013 (27): 61-65.

度，与就业质量的工作地点、工作环境、全面薪酬、岗位专长适配性四个维度之间具有强相关性。①

也有研究关注特殊群体的就业能力，研究者对残疾大学生的就业能力和就业结果间的关系表明残疾大学生的就业能力和就业结果之间显著相关，且就业能力对工作满意度和月收入有预测作用。②还有相关研究表示，就业能力与就业质量具有显著的正相关。③

还有研究采用追踪研究的研究方法，对大学生的就业能力和求职行为对其求职结果的影响进行了追踪，研究发现就业能力对求职结果和求职行为都有显著正向影响作用，也就是就业能力越强，则求职行为越积极，求职结果越理想。④也有研究者对大学生就业能力和就业结果间的关系进行研究，研究发现就业能力直接影响到其就业结果。⑤同样的研究也发现，就业能力对就业质量有正向影响作用，即就业能力越强学生的就业质量就越高，且学生的社会适应能力越高；⑥就业能力和就业质量之间存在正相关关系。⑦

3.2.2　就业能力的提升路径

研究者对提升大学生就业能力的方法和途径的研究一直非常关注，国外研究者指出，高校需对教育教学进行改革进而提升大学生的就业能力。⑧相同的研究也表明，高校应该从改革课程结构着手，进而对大学生

---

① 罗莹. 当代大学生就业能力与就业质量的关系研究 [J]. 中国青年研究, 2014 (9)：87-90+94.

② 徐超，杨顺起，马永旭. 残疾大学生就业能力与就业结果的关系研究 [J]. 中国特殊教育, 2015 (9)：11-15.

③ 程玮，许锦民. 大学生就业能力与就业质量的关系研究 [J]. 教育与职业, 2016 (18)：82-86.

④ 谢义忠，卢海陵. 就业能力、求职行为对应届大学毕业生求职结果影响的追踪研究 [J]. 管理评论, 2016 (28)：111-122.

⑤ 杨晰策. 论我国大学生就业能力结构及对就业结果的影响 [J]. 继续教育研究, 2017 (226)：97-99.

⑥ 王苇. 大学生就业能力对就业质量的影响. [J]. 智库时代, 2017 (114)：97-98.

⑦ 周贤东. 经济管理类高职毕业生就业能力与就业质量关系研究——以厦门软件职业技术学院2015 届毕业生为例. [J]. 山东农业工程学院学报, 2017 (10)：107-108.

⑧ Tony Becher, Maurice Kogan. Process and Structure in Higher Education [M]. London：Routledge, 1992: 102.

就业能力进行培养和提升。①还有研究者提出，改变课堂授课方式的形式，使学生变为实践者，通过提升他们的实践能力、主动性和创新能力，进而提升学生的就业能力。②还有研究者强调教育者本身的作用，指出教育者要提高对大学生就业能力培养的重视，充分利用教学过程提升大学生就业能力。③还有研究者指出要通过开设创业课程、职业生涯课程等课程，引导大学生关注职业生涯发展，促进就业能力的提升。④建议大学生就业能力的提升要以课程教学为载体，利用教学传授专业知识和技能，为大学生开设创业课程和职业生涯指导课程等课程，帮助大学提升生就业能力。

国内研究者围绕大学生就业能力提升的研究表明，大学生就业能力提升的四阶段模式，分别是预防、支持、激励和可持续。⑤积极为大学生搭建就业能力提升的平台，培养大学生自主提升就业能力的校园文化系统。⑥特别是为大学生搭建生涯发展教育平台，为大学生建设指导其学业生涯—职业生涯的平台。⑦研究者通过调查发现，校内在培养大学生各种素质和专业知识技能等方面起着重要的作用，而在这个过程中课程应该与市场的实际需求高度匹配，才能充分提升大学生的就业能力。⑧研究者表

①　Jane O' laery. What we can infer from Australian Graduate Employment Statistics: Thediscrepancy between employers' Expectations and Graduate Performance [J]. Quality in Higher Education, 1997.

②　Fallows S, Steven C. Building Employability Skills in to the Higher Education Curriculum: A University-Wide Initiative [J]. Education & Training, 2000 (42): 75-82.

③　Zinser R. Developing Career and Employability Skills: A US Case Study [J]. Education & Training, 2003 (45): 402-410.

④　Knight P, Yorke M. The Undergraduate Curriculum and Employability [J]. Routledge Falmer, 2004: 24-38.

⑤　施炜. 产业转型升级下高校提升大学生就业能力模型研究 [J]. 江苏高教, 2016 (1): 108-110.

⑥　程玮. 大学生就业能力及其提升实证研究——基于全国 64 所高校的有效样本分析 [J]. 高教探索, 2017 (7): 98-105.

⑦　张宏如. 基于提升就业能力的大学生生涯发展教育体系的构建 [J]. 高等教育研究, 2011 (2): 92-95.

⑧　郭建如, 邓峰. 院校培养、企业顶岗与高职生就业能力增强 [J]. 高等教育研究, 2014 (04): 43-51.

示在国家层面，已经将就业能力框架纳入相关课程体系和国民就业培训系统中，①发挥政府功能性作用，逐渐消除影响高校学生就业自由流动的制度性障碍。②

综上可见，对大学生就业能力提升方面的研究集中在学校、社会及学生三个层面。学校方面的研究侧重专业设置、教育教学改革以及就业指导课程的开设与就业服务，研究者对大学生就业能力提升方面的实践经验和理论研究结果表明，高校对大学生的教育不仅仅要重视专业知识的学习，在教学和科研方面提升大学生的专业素质，同时还应加强对其就业能力的培养和提升，注重实践与理论的结合，培养大学生的就业能力，充分将教学与科研有机融合；社会方面的研究侧重于为大学生提供良好的就业创业环境；学生层面的研究侧重于大学生就业观念的转变以及就业能力的提升研究，但对于如何切实有效提升低收入家庭大学生群体，特别是在精准脱贫后对于该群体大学生就业能力的培养和提升的新机制方面的研究还缺乏深度和广度。

3.3 职业生涯相关理论

3.3.1 社会认知职业理论

根据班杜拉（1997）和社会认知理论（SCT），个人属性、环境影响和意向行为形成了一种三角关系（Cupani等，2010），③其中个人行为是

---

① 刘丽玲, 吴娇. 大学生就业能力研究——基于对管理类和经济学类大学毕业生的调查 [J]. 教育研究, 2010（3）：82-89.

② 韩玉萍, 张蓝月, 叶海英等. 基于 USEM 模型的大学生就业能力评价与提升策略探究 [J]. 学校党建与思想教育, 2016（3）：74-76.

③ Cupani M, de Minzi M C R, Pérez E R, Pautassi R M. An assessment of a social-cognitive model of academic performance in mathematics in Argentinan middle school students [J]. Learn. Individ. Differ, 2010(20):659-663.

通过个人思想和环境情绪之间的相互作用形成的（Peng等，2018）。[①]在SCT的基础上，社会认知职业理论（SCCT）被提出来解释职业领域的影响因素和职业的发展关系（Lent等，1994；Burga等，2020）。[②③]SCCT的重点是个人塑造自己的职业行为的能力（Baglama & Uzunboylu，2017）。[④]研究发现，缺乏自我效能感会对一个人成功融入该职业构成阻碍。还有研究发现，自我效能感是学生对其成功表现和教育相关行为和能力的信念，它是启动自发学习动机和参与的重要因素（Parker等，2006）。[⑤]然而，应用SCCT理论关于一般自我效能感与就业能力的研究尚且缺乏。因此，本研究基于SCCT理论来探索一般自我效能感对就业能力的作用机制。

此外，在SCCT中，成就动机是个体追求卓越、力求成功的一种内部驱动力，是激励人行动的内部动力（叶仁敏 et al.，1992）。[⑥]除了成就动机外，职业抱负是就业能力的保护性因素，抱负对职业发展行为起着重要的作用，影响个体的职业发展（Super，1990），[⑦]相关研究显示，职业抱

① Peng M Y P, Sheng-Hwa T, Han-Yu W. The impact of professors' transformational leadership on university students' employability development based on social cognitive career theory [J]. Proceedings of the 2nd International Conference on Education and Multimedia Technology, 2018(18):54-58.

② Lent R W, Brown S D, Hackett G. Toward a unifying social cognitive theory of career and academic interest, choice, and performance [J]. Journal of Vocational Behavior, 1994(45): 79-122.

③ Burga R, Leblanc J, Rezania D. Exploring student perceptions of their readiness for project work: utilizing social cognitive career theory [J]. Project Manage, 2020(51):154-164.

④ Baglama B, Uzunboylu H. The relationship between career decisionmaking self-efficacy and vocational outcome expectations of preservice special education teachers [J]. South African Journal of Education, 2017,7(4): 1-11.

⑤ Parker S K, Williams H M, Turner N. Modeling the antecedents of proactive behavior at work [J]. Appl. Psychol, 2006(91): 636-652.

⑥ 叶仁敏, Kunt A. Hagtvet. 成就动机的测量与分析 [J]. 心理发展与教育, 1992（2）: 14-16.

⑦ Super D E.A life-span, life-space approach to careerdevelopment. In D Brown, L Brooks, &Associates (Eds.), Career choice and development: Applying contemporary theoriesto practice [M]. San Francisco: Jossey-Bass, 1990:197-261.

负水平越高，则就业能力越高（Gbadamosi et al., 2015）。[①]而以往研究尚未将一般自我效能感、成就动机、职业抱负和就业能力这四个变量，应用于SCCT理论对大学生的就业能力机制进行探讨。因此，本研究拟基于社会认知职业理论提供的就业能力形成的路径构建，探讨低收入家庭大学生的一般自我效能感如何影响成就动机，进而作用于职业抱负，并最终影响到就业能力的整个链条环节，以期验证及回应相关理论。

根据社会认知职业理论的观点，促使职业/就业行为提升的核心要素为自我效能、结果预期、选择目标这三个核心要素（Lent et al., 1994），这些要素之间的链式作用，进一步回答了个体如何获得职业生涯发展的成功。SCCT理论是本研究中评估自我效能、提高就业能力的理论基础（Zhao et al., 2021）。[②]

SCCT是一个经过经验验证的模型，已被广泛接受（Burgaet al., 2020）。[③]根据Lent（1994）的观点，自我效能感是SCCT的关键结构，并被认为对行为有直接影响（Duffy et al., 2014）。[④]结果预期代表一个人对执行或不执行某一特定行为所产生的后果的判断（Caesens and Stinglhamber, 2014）。[⑤]根据SCCT，自我效能感、结果期望、目标（或野心）是该理论的三个核心变量。

根据SCCT，自我效能感有助于确定结果预期；自我效能感和结果预期都是目标的先导；自我效能感和结果预期共同导致了选择目标（Lent et

① Gbadamosi G, Evans C, Richardson M, Ridolfo M. Employability and students'part-time work in the UK: Does self-efficacy and career aspiration matter?［J］. British Educational Research Journal, 2015, 41（6）: 1086-1107.

② Zhao W X, Peng Y P, Liu F. Cross-cultural differences in adopting social cognitive career theory at student employability in pls-sem: the mediating roles of self-efficacy and deep approach to learning［J］. Frontiers in Psychology, 2021(12): 586-839.

③ Burga R, Leblanc J, Rezania D. Exploring student perceptions of their readiness for project work: utilizing social cognitive career theory［J］. Project Manage, 2020(51): 154-164.

④ Duffy R D, Bott E M, Allan B A, Autin K L. Exploring the role of work volition within social cognitive career theory［J］. Career Assessment, 2014(22): 465-478.

⑤ Caesens G, Stinglhamber F. The relationship between perceived organizational support and work engagement: the role of self-effcacy and its outcomes［J］. Eur. Rev. Appl. Psychol, 2014(64): 259-267.

al., 1994)。根据Lent等（1994）提出的社会认知职业理论模型，将关系生涯发展的核心要素的复杂交互作用表达为一个动态模型（见图3-1）。

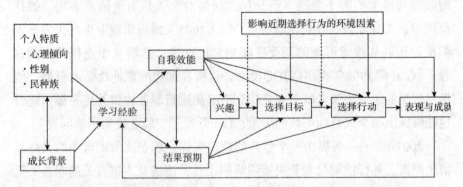

图3-1 社会认知职业理论模型（Lent Brown & Hackett, 1994）

尽管许多SCCT研究都包括了结果预期，但该结构的操作化却不尽相同。许多使用的测量方法是基于特定领域中与成功相关的预期结果，特别是以自我结果的形式（如内在动机或奖励）（Lent & Brown, 2006）。[①]结果期待的表现模式可以体现为成就动机。目标可以对行为产生直接影响。目标可以采取职业抱负的形式。

具体而言，该理论是以核心认知变量自我效能为基础，通过结果预期的作用，促进选择目标的建立，进而选择行为的产生。然而，在以往研究中，关于一般自我效能感对就业能力影响机制的探讨相对较少。因此，本研究拟基于社会认知职业理论提供的就业能力形成的路径构建，探讨低收入家庭大学生的核心认知变量自我效能如何影响选择目标，并最终影响到就业能力的整个链条环节，并且探讨在这个过程中外在环境对就业能力是否起到影响，以期验证及回应相关理论。

3.3.2 职业生涯决策理论

Gati 等1996年提出职业决策困难这一概念，主要用来描述人们在职业决策过程中所面临哪些方面的困难。关于职业生涯决策（career decision-

---

① Lent R W, Brown S D. Integrating person and situation perspectives on work satisfaction: a social-cognitive view [J]. Vocat. Behav, 2006(69): 236-247.

making）的概念，最早由英国经济学家Keynesian提出，他认为个人在选择职业生涯目标与职业目标时，将以最大收益及最低损失为标准，这里的收益与损失不限于金钱，而是包含任何对个人具有价值的事物，如社会声望、人身安全、社会流动等。Gati（2001）则提出职业生涯决策是人们所经历的从搜索可能的职业选项到对比选项，然后从中选择其一的过程。[①]Gati 等1996年提出CDDQ模型，也就是理想的职业决策者模型，他提出理想的职业决策者既需要意识到有必要进行职业决策并想要做，同时也能够做出与个人目标一致的决策，Gati开发了"职业决策困难问卷"。

2007年，Gati等提出一个整合的理论来描述职业决策困难中的人格及情绪因素，并行成测量职业决策困难的工具，情绪及人格有关的职业决策困难量表，简称EPCD。2007年，Osipow等提出职业决策困难模型，将职业决策困难分为消极观念、焦虑、自我困难三种类型，并分别给予界定。Krumboltz（1984）提出职业生涯决策的社会学习理论，该理论指出影响职业选择过程的四方面因素分别是遗传天赋和特殊能力、环境条件与事件、学习的经验、任务完成技能。可见，研究者对于职业决策理论的研究注重职业生涯决策过程，强调个人的独特性。

3.3.3 胜任力理论

1973 年David McClelland 最先提出了"胜任力"这一概念，他指出传统的智力、性向、学术测验已不能准确预测复杂工作，应从个人条件和行为特征的角度探究影响工作绩效的因素。他提出将胜任力作为区分工作中表现优异者和表现平常者的个人深层次特征，并将胜任力界定为包括动机、特质、价值观、认知、行为技能等方面的能力。1993 年，美国研究者斯潘塞提出了"素质冰山模型"，他将个人素质比作一座冰山，分为"冰山以上"和"冰山以下"两部分，该模型的提出为胜任力的特质研究奠定了理论基础。"冰山以上"指基本知识、技能等外在表现，称为基准性胜任力；"冰山以下"指价值观、自我认识、个人特质、动机等，称作

---

① Gati I, Asher I. The PIC model for career decision making: Prescreening, in-depth exploration, and choice [J]. Contemporary models in vocational psychology: A volume in honor of Samuel H. Osipow,2001（s 6）：54.

鉴别性胜任力。其中，"基准性胜任力"可以通过教育和培训获得，"鉴别性胜任力"很难在短时间内提升。胜任力模型明晰地呈现了人的潜能被开发的价值性，也为高校从人才培养的角度提供理论依据，高校应在重视学生知识提升的同时兼顾对大学生全面健康发展的培养。

3.3.4 特质因素理论

"特质因素理论"是研究者 Frank Parsons（1909）最先提出的，他认为每个人都有其独特的人格模式，每种模式都有与其匹配的职业类型，而人与职业之间的匹配是职业选择的关键因素，所以该理论又称为"人职匹配理论"，"特质"是个人的人格特征，包括兴趣、能力倾向、价值观等；"因素"是指职业成功所需具备的条件和资格。该理论认为个体在能力、性格方面存在差异性，这种差异性决定了个体在职业选择时的不同，个体应根据自身的特征找到与之匹配的职业。

帕森斯的特质因素理论是高校就业指导工作的重要理论依据。依据此理论高校在对大学生开展就业指导工作时应该：首先，让大学生对自己有个清晰的认知，充分地"了解自己"，包括对自身能力、兴趣、性格、价值观等方面的认识；其次，引导大学生探索职业世界，也就是充分地"了解职业"，根据自身的专业了解专业发展方向及对应的职业岗位需求，如求职技能、薪酬福利、岗位要求等方面；最后，根据对自身及职业的了解，达成"人与职业的匹配"，这一环节的有效进行，需要对自身及职业都充分认识后才能达到最优的匹配，选择适合自己的职业发展方向。该理论也为高校对大学生就业能力的培养提供了新的理论视角。

3.4 低收入家庭大学生就业能力的研究

对于低收入家庭大学生就业能力的研究表明，高校低收入家庭大学生的就业能力是决定其能否顺利就业的关键因素，低收入家庭大学生在求职中存在心理素质较弱、专业素养不足等问题，外在因素方面体现在职业生涯规划指导体系不健全以及社会支持体系的匮乏。①研究者指出，低收入家庭大学生的就业能力是指通过专业学习和训练而获得的能够实现职业选择和自身价值的能力。研究还发现，高校低收入家庭大学生就业能力是一个动态发展的过程，是最终帮助低收入家庭大学生实现个体自我发展的能力，是使其获得就业机会的能力，更是能够胜任工作岗位和维持就业现状的能力，也是保持始终胜任工作的能力和特质。

从整体来看，高校低收入家庭大学生就业的现状是不容乐观的，在求职就业过程中常表现出缺乏就业能力、创业意识淡薄、就业观单一、就业期望值过高等问题。研究者通过调查研究发现，低收入家庭大学生的自我效能感显著影响就业能力，指出低收入家庭大学生应该保持乐观的心态，提升自信心，从容应对就业竞争。②研究者还发现，心理资本对低收入家庭大学生的就业能力有显著预测作用。③在心理资本对就业能力的影响关系中，同伴支持可以调节该影响关系。④研究者发现，来自家人、朋友、老师等方面的社会支持对大学生就业结果有显著的调节作用，应注重对大学生社会支持网络的建设，使其充分发挥对大学生就业的促进作用。

本研究将针对低收入家庭大学生群体，围绕其个体内在自我效能感等因素和外在社会支持等方面的因素，探究对就业能力的影响及影响路径，构建就业能力的影响机制，为低收入家庭大学生就业能力的提升设计有针对性的干预方案，为高校等就业部门提供针对低收入家庭大学生的就业指导策略。

① 蒋君毅. 家庭经济困难大学生就业能力现状及提升路径 [J]. 教育与职业, 2016 (24)：63-65.
② 王树智，闫广芬. 心理资本视角下高职院校贫困生就业能力影响研究 [J]. 职业技术教育, 2019 (15)：28-33.
③ 励骅，曹杏田. 大学生心理资本与就业能力关系研究 [J]. 中国高教研究, 2011 (03)：54-56.
④ 刘林林，叶宝娟，方小婷等. 心理资本与大学生就业能力的关系：同伴支持的中介作用与调节作用 [J]. 中国临床心理学杂志, 2017 (03)：536-538+535.

4 新时期低收入家庭大学生就业能力影响因素的质性研究

4.1 就业能力影响因素的研究综述

4.1.1 就业能力的外在环境影响因素研究

4.1.1.1 就业市场供需失衡

随着我国高校逐年扩招，招生数量也不断增加，这就意味着高校毕业生呈现出递增的趋势，这一现象导致了就业市场的供需矛盾突出，人才和岗位供给之间越来越不平衡。劳动力市场所能提供的工作岗位数量，已经无法满足毕业生的求职需要，这就造成了大学生毕业即失业的现象。而且，当今大学生的就业观更多侧重于将职业发展定位在大城市，"北上广"发达地区，这种就业结构性的失衡非常不利于毕业生就业。^①

与此同时，高校学科设置与就业市场的匹配度问题，也是影响大学生就业问题的关键因素。研究者指出，随着经济的快速发展，社会对人才的需求发生本质性的变化，这些变化也对高校毕业生的就业形势产生了直接的影响。当前，高校的专业设置与人才市场的需求不相匹配，导致了毕业生的结构性失业。而就业能力是劳动者个体获得、保持以及适应工作的能力，贯穿其职业生涯，是其成功就业的基本技能素养。可见，对大学生的培养而言，培养质量和就业能力的提升是影响他们就业的决定性因素，决定着能否满足社会对人才的需求。

---

① 岳昌君. 毕业生就业难的影响因素与趋势分析 [J] . 中国高等教育, 2013 (Z2) : 25-28.

4.1.1.2 社会资源分配不均衡

研究发现，对于大学毕业生而言，其可利用的社会资源对其就业有很大的促进作用。[①]对于家庭经济状况相对困难大学生，家庭所能为其提供的社会关系网是有限的，在求职就业方面很大程度上靠自己去争取就业机会。已有研究表明，家庭和个人社会关系背景对大学生就业有着直接的影响。[②]而这两方面对于低收入家庭大学生而言正是他们所欠缺的社会资源，往往在求职就业的过程中，他们只能靠自己获知的就业信息，而无法充分利用丰富的社会资源获得更多的就业机会。[③]贫困大学生由于家庭的情况影响，拥有的社会资源非常少，甚至很多贫困大学生既要完成学业，同时又担负着较大的经济压力，这些都造成了在就业时受限制。[④]

与此同时，根据布迪尔的社会文化资本理论，家庭经济状况也造成了教育资源上的差异，进而导致教育资源在代际传递方面的阶层分化。[⑤]家庭经济状况相对较差的子女在教育资源方面也相对匮乏，对于贫困大学生而言，他们成长的环境受限，接受的教育资源也相对有限，这些外在因素都对就业能力的提高形成阻碍。[⑥]研究发现，家庭经济状况较差的家庭社会资源的占有量较少，而社会资源的匮乏又会体现在其子女的就业机会不足上。

4.1.1.3 就业帮扶支持匮乏

国外的就业指导和就业帮扶体系建立得比较早，美国的就业帮扶模式可分为就业政策、失业保险制度和公共求助系统。英国的就业帮扶模式可分为职业指导体系和再就业培训保障机制。我国的就业帮扶，2016年人力

① 王志刚. 西部高校贫困大学生就业问题研究 [J]. 中国成人教育，2009 (12)：50-51.

② 李飒飒. 有限理性视域下的大学生就业误区与消解对策 [J]. 江苏高教，2017 (2)：84-87.

③ 葛昕明. 社会支持视域下的独立学院贫困生就业扶助 [J]. 黑龙江高教研究，2018 (1)：87-89.

④ Kiomars Mohamadi. Impact of social capital on job satisfaction and quality outcomes [J]. Annual Review of Sociology, 2013 (24)：1-24.

⑤ 吕效华. 阶层固化视角下教育对青年发展的影响 [J]. 中国青年研究，2013 (6)：11-16.

⑥ 程利娜. 贫困大学生就业能力研究——以地方本科高校为例 [J]. 西安交通大学学报 (社会科学版)，2016 (5)：95-99.

资源与社会保障部下发了《关于做好2016年全国高校毕业生就业创业工作的通知》，明确指出"完善精准帮扶措施"，积极促进就业。

对就业帮扶的研究一直是研究者关注的重点，有从理论层面探讨大学生就业困难的成因，并指出从政府、用人单位、学校和学生四个方面提升的策略；①也有研究者从构建"一体化"就业帮扶体系的角度探讨如何健全就业帮扶机制；②还有研究者表示，针对贫困大学生就业帮扶政策的实施在某些方面可操作性不强，精准度不高，很难达到从根本上帮助贫困大学生就业。③

还有研究者从实践角度出发，分析就业困难大学生的特征并分析原因，提出就业提升策略。④针对贫困大学生的就业帮扶研究指出，要提升其就业竞争力、树立就业观、提供充足就业岗位、降低就业成本及关注心理健康疏导等方面内容。⑤可见，对大学生就业帮扶的研究多是从理论层面的探究，而基于实证研究的较少，因此，还有待于进一步针对低收入家庭大学生的就业帮扶，基于实证研究的视角给予深入的研究。

4.1.1.4　就业信息获取缺失

在互联网时代，媒体高速发展，与就业相关的网站有58同城、51job工作网、赶集网、就业联盟网等，这些就业信息的渠道不容忽视。对于求职就业的大学生而言，这些就业平台及就业信息的提供与获取，可以有效地提升其就业成功率。当前媒体及网络平台在利益的驱使下，对正面及真实有效的就业信息的提供还有待于进一步的提高。大学生更多需要的是高效、便捷、公开、公正的就业信息网络获取平台。研究表明，对于低收入家庭大学生而言，获取就业信息的不对称则会更加加剧就业难度，所以在就业信息方面更多地关注建立和健全就业信息指导机构，为低收入家庭大

① 党辉. 大学生就业帮扶机制研究 [J]. 价值工程, 2013 (11)：211-212.

② 甘英, 韦丽. 大学生一体化就业帮扶体系的构建探析 [J]. 钦州学院学报, 2014 (5)：77-80.

③ 郭云贵. 我国高校贫困生就业帮扶政策分析 [J]. 学术交流, 2013 (10)：209-212.

④ 黄一岚, 吴剑. 大学生就业困难群体的特征及帮扶策略 [J]. 教育评论, 2013 (4)：69-71.

⑤ 蒋家宁. 家庭经济困难大学生就业帮扶体系的构建 [J]. 统计与管理, 2016 (10)：137-139.

学生提供及时的就业信息和就业帮助。①

特别在这次全球性新冠疫情的影响下，就业环境更是不容乐观，面对多变的职场环境，大学生更需要最新的就业信息及岗位需求情况，才能有针对性地调整自身的职业目标，提高就业能力，应对职场的需求。研究者表示，面对疫情防控进入常态化的阶段，高校更加需要充分利用互联网资源和新媒体平台，实时更新最新的就业信息，保障大学生就业信息渠道的畅通。②因此，对大学生而言就业信息获取最为关键的网络平台，应保障高效真实的就业信息，形成良好的就业平台环境。

在以往的研究中，针对低收入家庭大学生在获取就业信息方面的关注也是很多的。研究发现，与非低收入家庭大学生相比，低收入家庭大学生在就业信息收集和使用方面较弱，多数原因是低收入家庭大学生大多来自农村或偏远地区，从小的成长环境使其对媒体和互联网的接触有限，因此在就业信息的收集等方面的能力不足。③

4.1.2　就业能力的个体内在影响因素研究

4.1.2.1　自我效能感薄弱

低收入家庭大学生由于个人成长环境和经济压力，他们的"心理"特征较易体现出异常而特殊的敏感性、自卑性和脆弱性。研究显示，低收入家庭大学生容易产生自卑心理。而这种自卑心理的存在，促使他们容易缺乏自信心，缺少积极乐观的生活态度。研究发现，低收入家庭大学生在应对各种挑战所需要能力的信心不足，自我效能感明显低于其他同学。④

班杜拉指出，认知影响情感和行为，而且情感和行为也影响着认知，个体所有心理和行为的改变都要通过个体的自我效能感来实现。同时，他

---

① Kariene Mittendorff et al. Students' perceptions of career conversations with their teachers [J]. Teaching and Teacher Education, 2011 (27)：515-523.

② 李若岩. 疫情防控常态下大学生就业信息新媒体推送的理念与类型 [J]. 中国高等教育, 2020 (9)：44-45.

③ 钟云华. 社会资本分布失衡 [J]. 湖南师范大学教育科学学报, 2020 (4)：116-224.

④ 郑新夷. 贫困大学生自我效能感与成就动机关系分析 [J]. 中国学校卫生, 2009 (12)：1100-1101.

还提出职业自我效能感的信息来源主要有四个：表现成就、替代经验、情绪激发、语言说服。有相关研究发现，低收入家庭大学生自我效能相对薄弱的原因，主要在构成自我效能感的四个来源方面表现出缺失的现象，比如在成长经历中失败经验的积累，对自我能力的否定；自身情绪波动，受情绪化等负面情绪的影响。还有研究关注低收入家庭大学生的自我效能感在人口学变量上的差异，研究发现男大学生的一般自我效能感显著高于女生。

还有研究关注对于低收入家庭大学生自我效能感的干预研究，干预方案的设计和实施多是基于对自我效能感的四个方面的来源设计的干预方案，研究发现对自我效能感来源的成就经验、替代经验、言语劝说及情绪反应进行设计干预方案，干预后被试的自我效能感水平明显提高。

低收入家庭大学生在成长的历程中所经历的与其他大学生的差异性，导致他们在面对就业问题上存在更大的心理压力和家庭的期待。这些内在和外在因素的影响造成他们对自己的认识不清晰，自己的发展定位不准确。由于担负着改变家庭经济状况及改变命运的强烈期待性，低收入家庭大学生往往将求职就业作为命运的"跳板"，设想通过找到一份好工作，从此摆脱经济上的困境。这些期待往往导致他们工作价值观出现偏差，比如对薪酬待遇的高要求、对岗位晋升的高期待等，想通过求职一次性地达到所有期待，缓解家庭经济状况。

有研究者表示，低收入家庭大学生非常重视对工作福利、待遇、地位等方面的追求，对工作的要求是"大城市、大机关、大企业"等。还有研究表示，低收入家庭大学生对工作薪酬的期待远远高于就业单位给出的实际薪酬，两者之间的差距显著。也有研究者表示，低收入家庭大学生的就业去向多集中在沿海的发达地区以及北、上、广等大城市。[①]

低收入家庭大学生对工作的选择和期待实则是他们强烈地想通过求职就业改变命运的需要，渴望通过找到一份理想的工作进而改变家庭的经济状况。但在这个过程中，他们忽视了对自己的清楚认识，而这些对自己就业能力及胜任能力等方面的判断和认识的缺失，导致他们忽视了与工作岗位的匹配度，这些因素都是就业单位所重点考量能否录用的标准，因此由于在求职

---

① 王洁. 贫困大学生就业能力研究［J］. 教育与职业，2015（9）：32-34.

中缺失对自己的全面、清晰的认识，最终使其无法找到合适的工作岗位。

4.1.2.2　就业心理调适缺失

早在1908年美国的心理学家弗兰克·帕森斯就首次提出"就业心理"是一种心理过程。1919年，美国哈佛大学首次在大学里开设就业心理指导课，用来指导大学生就业和解决大学生的就业心理障碍，从此大学生就业心理指导成为一项专门的社会服务工作和研究课题。我国关注就业心理调适的研究发现，大学生就业心理危机是指大学生某种心理上的严重困境，当他们遭遇超过其承受能力的紧张刺激而陷于极度焦虑、抑郁和失去控制乃至不能自拔的心理状态，由于既往惯用的应对方法失效，内心的稳定和平衡被打破，所以常常容易导致灾难性的后果（常海彦，2010）。研究者将大学生就业心理危机问题的表现分为三个方面：一是认知表现，在心理危机状态下，大学生感知觉功能可能受损，易产生自卑、自傲等不合理的认知表现。研究者魏鹏程（2017）提出了在大学生就业过程中存在的主要心理问题，包括自我认知偏差、情绪困扰以及具体的行为表现。二是情绪表现，指陷入心理危机的大学生的情绪反应一般表现为焦虑、急躁、悲观抑郁、不满等。唐瑶（2019）结合马斯洛人本主义心理学的需求层次理论，提出了学生就业心理压力与不同需求层次之间的关系，并提出了相对应的解决方法以及配套的管理措施。三是心理行为表现，指大学生为排解和减轻痛苦而采取的一些防御手段，如逆反、逃避和自杀等行为。王志贤（2017）表示大学生就业心理困境可在积极心理学指导下对其进行干预，从而提升大学生就业竞争力。

特别是当前受新冠肺炎疫情的影响，高校毕业生求职困难明显增大，就业形势更加严峻。党中央、国务院高度重视高校毕业生就业工作，教育部印发的《关于应对新冠肺炎疫情做好2020届全国普通高等学校毕业生就业创业工作的通知》强调，要关爱和帮扶就业重点群体，针对当前就业形势和疫情影响，加强对毕业生的思想教育和就业心理辅导。高校也通过开展网上就业服务、拓宽就业和升学渠道、强化就业困难帮扶等工作，来提升毕业生的就业能力。但在新就业形势下要想解决大学生就业出现的心理危机问题，不仅仅是提供关注，更多的是需要给予调适疏导并制定有效的干预措施，使其调整就业心理状态，从而积极采取就业行动。

4.1.2.3　职业目标不确定

低收入家庭大学生的职业发展目标的确定是其就业能力提升、职业生涯发展及主观幸福感的重要影响因素。根据目标设定理论，当个体有意识地设立明确的目标，比没有目标或目标模糊不清的个体，更容易获取高工作绩效和高职业成就。因而，职业目标的确定对指引个体职业发展和就业能力提升起着重要的影响作用。研究发现，目标的确定在个体学习及行为方面都会产生重要的影响。[①]

低收入家庭大学生能够拥有的资源相对有限，在竞争中往往处于不利地位。当他们具有明确的职业目标时，对自身的就业能力提升及职业发展有显著的预测作用。研究发现，职业目标对其实习效果和就业能力提升均有显著正向影响。[②]也有研究发现低收入家庭大学生目标明确对情绪的影响显著。当低收入家庭大学生具有明确的目标时，并采取为目标而努力的行动时，会促使自己具有更多的积极情绪，反之，当他们没有明确的目标时，更多地会体验到消极情绪。[③]可见，职业目标的确定对于低收入家庭大学生提升其就业能力至关重要。

4.2　新时期低收入家庭大学生就业能力影响因素的调查

4.2.1　影响因素质性调查研究的研究方法

4.2.1.1　研究方法

本书所采取的是质性研究方法。质性研究方法主要是把研究者作为研

[①] Kaplan A, Maehr M L. The contributions and prospects of goal orientation theory [J]. Educational Psychology Review, 2007(2): 141-184.

[②] 古继宝, 吴蔚, 彭莉君. 职业目标对工程硕士研究生实习效果及就业能力的影响 [J]. 学位与研究生教育, 2016(7): 57-61.

[③] 陈么元. 贫困大学生个人目标与主观幸福感的关系 [J]. 心理学探新, 2020(8): 372-376.

究的调查工具的一种方法，通过在被调查对象所处的自然情景中收集一手的资料，对被调查对象所处的社会情景以及现象进行整体性的研究，在研究过程中通过分析归纳所需要的资料并运用理论，在与被研究对象一对一的互动过程中对其行为以及行为背后的意义进行探索所获的一种解释性理解的活动。

研究方法是为了达到研究的目的，为了能够回答研究问题并提出解决问题的方法。研究理论与研究方法是相辅相成的，理论是为特定现象选取的理论，方法是为特定问题选取的方法。

质性的调查研究主要以研究者为媒介，与被研究者进行互动，对事物进行深入细致的体验，使事物的质性得到全面的解释性理解。因此，本研究在第一部分研究中选择质性的调查方法，对新时期我国低收入家庭大学生的就业能力从外在和内在的角度探究影响其就业能力的因素有哪些。

本研究选取质性研究方法主要基于以下几点考虑：

（1）本研究的调查对象：新时期我国低收入家庭大学生在大学中属于相对特殊群体，由于自身的成长环境及家庭经济状况多方面的原因，对该群体大学生的调查研究首先要充分考虑其心理特征的特殊性。由以上分析可得知，对于相对特殊群体需要采用质性研究方法，可以更好地对低收入家庭大学生的就业能力影响因素以及这些影响因素背后的意义进行探索。

（2）本研究旨在通过对于少数个案的低收入家庭大学生进行深度访谈，来分析影响低收入家庭大学生群体就业能力的各方面影响因素，从而为同类群体以及后续的问卷调查研究构建影响机制模型提供依据。

（3）质性研究是在自然的情景下进行的，既不需要对研究中的变量进行控制，也不需要对研究的结果提出预先的假设，研究的过程也不是对研究假设进行检验。整个质性访谈过程中被研究对象处在一个研究者所创造的同理的情景中，研究者作为调查研究的工具能更好地聆听被调查对象传递出的信息。

4.2.1.2 研究场域

本研究将吉林 S 大学作为研究的场域，主要是基于以下几点：

（1）吉林S大学是吉林省的重点大学。由于吉林S大学处于吉林省，每年的大部分生源都来自本省，而吉林省本身就是精准帮扶的重点省份，因此，吉林S大学有较为丰富的研究对象可供选择，从吉林S大学选取访谈对象比较有代表性。

（2）笔者作为吉林S大学教育学院的教师，通过教育及课外活动接触过很多在校的低收入家庭大学生，对其有一定的了解，因此对此研究场域相对比较熟悉。

4.2.1.3 研究思路

本研究前期主要通过查阅新时期低收入家庭大学生群体与就业能力的相关文献，进一步梳理出有关本研究关注的低收入家庭大学生就业能力的影响因素的文献资料，并进行整理分析。本研究首先对新时期低收入家庭大学生的就业能力的度量指标进行了分析界定，然后以此为参照标准，遵循自愿原则对吉林 S 大学的 17 名低收入家庭大学生进行深度访谈，主要探究其就业能力的影响因素，在此基础上分析外在环境的影响及个体内在因素的影响。

对于新时期低收入家庭大学生特殊群体而言，可以通过质性研究方法探究问题的本质，运用比较鲜活而生动的质性研究个案来为后续的量化调查研究做实证依据，同时也能更深入地了解相对贫困大学生就业能力的现状及影响因素。本研究第一部分采用的是深度访谈的方式来进行调查研究。访谈法是一种围绕特定目的来解决研究问题的研究方法，以研究者为媒介，通过研究者与被研究者反复面对面的对话形式来进行，研究者与访谈对象面对面接触，以专注的倾听来鼓励和引导访谈对象诉说其就业能力的形成过程及在此过程中重要的影响因素。

对于本研究的新时期低收入家庭大学生就业能力问题的探究，需要先从低收入家庭大学生的就业能力的现状以及所接受的就业指导及就业支持的形式来进行访谈，了解有关影响低收入家庭大学生就业能力的关键因素，从而更好地了解低收入家庭大学生就业能力的现状，并分析低收入家庭大学生就业能力形成过程中的重要因素。本研究通过质性研究的方法来探究影响低收入家庭大学生就业能力的内在和外在因素，了解低收入家庭大学生就业能力的现状。

4.2.2 影响因素质性调查研究的实施过程

4.2.2.1 研究流程

先界定质性调查研究的访谈人群，在此基础上确定研究问题。质性研究是一个不断聚焦研究对象的过程，本研究最开始想要通过质性访谈探究新时期低收入家庭大学生的就业问题，随着访谈的逐步深入以及对就业问题的拓展，又聚焦在就业能力上，从想要了解影响新时期低收入家庭大学生就业能力的影响因素聚焦在低收入家庭大学生就业能力受到外在环境及个体内在多方面的影响。整个研究是在研究问题开展中对于研究问题又不断聚焦的过程。因此，在为质性研究设计质性访谈提纲时，需要将研究问题细化为描述性问题以及解释性问题，如新时期低收入家庭大学生的就业能力如何，哪些因素对低收入家庭大学生的就业能力产生影响，这些重要的影响因素是通过怎样的过程影响就业能力的，应该如何提升低收入家庭大学生的就业能力，等等。

可见，当研究者想要更加深入地从个体内心深处了解一些问题时，质性研究中的科学访谈是十分必要的。研究者开展的访谈不是没有根据的，而是根据前期文献调查列出访谈提纲进行半结构化访谈。每一次访谈都可能会使研究者对低收入家庭大学生的就业能力影响因素问题有新的认识角度，之后研究者要根据访谈写一份备忘录。备忘录能帮助研究者对访谈进行整体分析，分析后再根据研究问题进行访谈反思，并根据以上内容确定下一次访谈重点。备忘录另一个重要作用是使研究者在访谈后可以理性思考，在开展下一次访谈时避免形成刻板印象。研究者可以针对每个访谈对象采用不同方式进行访谈，并不拘泥于问题的顺序，但是访谈内容要都在访谈大纲之内。

4.2.2.2 访谈提纲

基于上述研究背景，本研究利用质性研究方法，通过自愿原则对吉林S大学的17名低收入家庭的大学生进行深度访谈，并整合访谈资料进行反思与讨论，旨在解答以下有关新时期低收入家庭大学生就业能力的影响因素问题：

（1）新时期低收入家庭大学生就业能力的现状如何？在一般工作能力、专业能力、工作态度、职业规划和信心等方面的表现如何？

（2）新时期低收入家庭大学生就业能力影响因素有哪些？高校、家庭、社会、政府分别如何影响低收入家庭大学生的就业？

（3）如何解决新时期低收入家庭大学生就业能力提升问题？从低收入家庭大学生、高校、家庭、社会、政府等层面来分析，应如何改进？

4.2.2.3　研究对象

质性研究的访谈对象是吉林 S 大学的低收入家庭大学生，研究场域为吉林 S 大学。研究者为吉林 S 大学的教师，这样方便研究资料的收集以及访谈资料的获取。在获取资料阶段，遵循自愿原则从吉林S大学选取17名大学生进行深度访谈，每位访谈对象均进行了个别访谈，采用正式访谈与非正式访谈相结合的方法，访谈的时间为一个半小时左右。受访低收入家庭大学生的基本资料，见表4-1。

表4-1　17名低收入家庭大学生的基本资料

序号	受访者编号	性别	专业	年级	是否是班级干部	城镇/农村	访谈时间
1	A01	男	数学	大四	是	农村	90分钟
2	B02	男	工程	大三	是	农村	50分钟
3	C03	女	工程	大四	否	城镇	70分钟
4	D04	男	马列	大四	是	城镇	73分钟
5	E05	女	数学	大四	是	农村	60分钟
6	F06	女	教育	大三	否	农村	84分钟
7	G07	男	经法	大三	否	城镇	68分钟
8	H08	男	经法	大四	否	农村	56分钟
9	I09	女	数学	大四	是	农村	69分钟
10	J10	女	教育	大三	否	农村	68分钟
11	K11	女	马列	大四	否	城镇	79分钟

序号	受访者编号	性别	专业	年级	是否是班级干部	城镇/农村	访谈时间
12	L12	女	教育	大三	是	城镇	87分钟
13	M13	女	马列	大四	否	农村	77分钟
14	N14	女	化学	大四	是	农村	65分钟
15	O15	女	物理	大四	否	农村	52分钟
16	P16	女	物理	大四	是	农村	80分钟
17	Q17	男	工程	大三	是	城镇	66分钟

4.2.2.4 资料收集

本研究根据质性研究实施的程序，为了减少第一次访谈时低收入家庭大学生的焦虑与紧张，研究者与低收入家庭大学生会有半个小时左右的预访谈，预访谈的内容主要是关于低收入家庭大学生的生活和个人经历。同时，预访谈时也会将正式访谈的主要内容告知给低收入家庭大学，通过预访谈可以使双方在相对放松的状态下进行访谈，特别是可以让访谈对象清楚本次访谈的目的。

预访谈结束后，进入正式访谈环节。研究者在开展访谈后，会根据访谈的内容和感受写下备忘录，备忘录是帮助研究者梳理访谈内容、反思访谈过程的重要工具和研究依据，能为后续质性访谈文本的分析提供思路。

4.2.3 影响因素质性调查研究的资料分析过程

4.2.3.1 研究资料的分析

首先，需要将访谈记录录音进行文字整理，与此同时，对研究对象进行的访谈内容的转录需要持中立的态度，不应对记录进行艺术化处理或进行删减及改编，即所转录的访谈资料应保持真实性。访谈资料最大的价值在于其原始性，能真实地反映出访谈对象对于访谈内容的态度，还原最真实的场景。

其次，在访谈转录过程中，可以根据访谈对象对不同的访谈主题进行分类及筛选，使后期对于访谈转录文本资料的分析更加清楚，从而能更好地通过访谈转录文本呈现要探索研究的问题。

4.2.3.2 研究资料的信效度

"效度"是量化研究的标准，旨在通过客观测量和定量推理找到普遍的法则。[①]陈向明指出，质性研究的"效度"可以从内在和外在两方面去理解。内在效度体现的是自变量和因变量在因果关系中的真实性，外在效度是为了将研究结果进行推广。因此，本研究中研究者采用收集原始资料的方法、反馈法以及访谈对象检验法来验证，使本研究的效度能够得到充分的保证。

"信度"在质性研究中还未有专业的界定。研究者在质性研究中被认定为研究工具，对访谈对象采取一对一的个别化研究，通过访谈更好地聆听访谈对象内心深处的声音。因此，本研究始终以研究者的视角进行研究，在质性访谈过程中对不同的访谈对象以及影响他们就业能力的影响因素在分析时保持了一致的看法，从而使本研究的信度能够得到充分的保证。

4.2.3.3 研究的资料转录

将所有录音资料逐字转录成文字文本，为确保访谈的转录质量，对所有转录文本与录音资料进行反复核对。最终形成的文本数据包括17位有效受访者，访谈转录的最短时间50分钟，最长时间90分钟，总获得文本资料大约13万字。在转录之后，研究者首先反复阅读所有资料，以从整体上把握资料。

4.2.3.4 研究分析方法

本研究由两位质性研究者与研究者本人一同对访谈文本进行最原始的开放性编码，经过讨论形成主题与类属，从而确定编码规则。

分析过程使用了解释现象学的分析方法，根据特定的分析步骤，先在

---

① 陈向明. 在行动中学作质的研究［M］. 北京: 教育科学出版社, 2003: 99.

个体内部进行分析，然后在个体间进行整合。具体分析如下：

质性研究的分析是一种自下而上的理论建构的过程。首先，熟读访谈文本，分析访谈文本最原始的含义并记录，形成开放性编码。其次，仔细分析开放编码的含义，并将相似的开放编码归类在一起，形成主题编码。再次，根据提取的主题，分析主题之间的关系，将意义相近的主题归类为类属编码。最后，整合每个个案的类属、主题和开放编码，综合所有受访者的编码结果，形成本研究的影响机制理论模型，如图4-1。

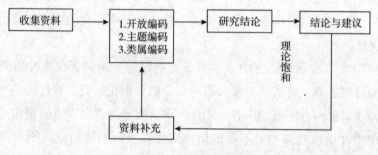

图4-1　质性研究资料编码过程

4.3　新时期低收入家庭大学生就业能力影响因素的分析

4.3.1　低收入家庭大学生就业能力质性研究的编码分析

4.3.1.1　编码的分析方法

本研究采取类属分析和情景分析相结合的方法，对访谈文本进行深入的分析。在质性研究中，这两种分析方法是研究者常用的分析方法。

类属分析是在资料中寻找反复出现的现象和解释这些现象的重要概念的过程。在这个过程中，具有相同属性的资料被归入同一类别，并以相应的概念命名。

类属是资料分析中的一个意义单位，代表资料所表现的一个观点或主题。类属的编码是登录资料的最小意义单位，是资料分析的最底层的基础；类属是深入分析时一个较大的意义单位，是建立在多个编码意义组合之上的意义的集合。

情景分析是把资料放在研究现象所处的自然情境之中，按照事情发生的线索对有关的事件和人物进行描述性分析。情境分析强调对事物做整体的和动态的描述，注意寻找把资料连接成一个叙事结构的关键线索。

情境分析的结构可以有不同的方式：可以是时间的先后次序，也可以是逻辑上的意义联系；可以把一次观察或访谈写成一个情境片段，也可以把几次获取的材料写成一个故事，还可以把几个故事连成一体，组成一个综合个案。

4.3.1.2　编码频次表

表4-2　质性研究编码频次表

类属	主题	次级主题	提及的受访者编号
影响低收入家庭大学生就业能力的内部因素	自我效能感	有信心找到工作	A01、E05、K11、L12
		对自己有信心	B02、E05、H08、L12
		充分地认识自我	J10、O15、L12、N14、H08
		相信自己能行	N14、G07、H08、K11、L12、I09
	职业目标	职业规划明确	F06、G07、K11、P16、E05、D04、O15、A01
		职业目标清晰	K11、O15、B02、D04、E05、I09、M13、C03、F06、A01
		专业发展方向明确	D04、I09、E05、M13、C03、A01、B02
	求职主动性	积极主动提升能力	A01、I09、H08、E05、B02、C03、F06
		主动准备应聘要求	J10、A01、M13、C03、B02、I09、D04、E05
	要强的性格	不愿认输	A01、H08、C03
		为自己争气	Q17、P16、B02、C03
	乐观的生活态度	乐观的心态	N14、K11
		乐观地应对就业困难	A01、J10
		乐观面对求职	B02、M13

类属	主题	次级主题	提及的受访者编号
影响低收入家庭大学生就业能力的外部因素	学校就业支持体系	就业指导课程的完善	D04、F06、G07、K11、P16、I09
		一对一针对性的就业帮扶	D04、F06、J10、H08
		就业实习实践的提供	N14、I09、P16、A01
		创业指导	A01、C03、I09、D04
	社会就业保障支持	就业信息平台的完善	I09、B02、E05
		社会就业网络的畅通	D04、F06、P16、H08
影响低收入家庭大学生就业能力的外部因素	家庭的支持和鼓励	家庭的鼓励和支持	A01、D04、F06、J10、H08、N14、D04
		家庭成员的工作经验	D04、N14、I09
		父母的期望	H08、G07、P16、N14
	老师的支持与引导	老师的支持和引导	D04、F06、J10、G07、C03、E05
		老师的就业指导	A01、G07、P16、D04、B02、L12、C03、E05
		老师的鼓励	D04、K11、L12、I09
	同学/朋友的经验分享	学长的榜样作用	A01、Q17、I09、M13、B02
		同学就业经验的分享	D04、L12、A01、B02

4.3.2 影响低收入家庭大学生就业能力的外部因素

4.3.2.1 学校就业支持体系

高校在对低收入家庭大学生进行高等教育时应充分考虑低收入家庭大学生实际的就业需要，为其系统地建设就业支持体系，根据其学习能力和就业能力为其职业生涯的发展做好指导性的就业帮扶。

在本研究中大部分访谈对象表示，学校的就业指导大多是以就业培训或就业课程的方式来进行的，但是这种形式的就业培训或课程对他们的就业能力提升并没有太大影响。可见，高校对于低收入家庭大学生的就业培训和课程设置相对薄弱，没有满足他们真正的就业能力提升的现实需求，还需进一步完善。高校尚且缺乏针对性强的就业指导课程，尤其是针对低收入家庭大学生的就业指导性的帮扶。

（1）就业指导课程的完善

高校对于低收入家庭大学生的就业指导尚缺乏专业的课程或培训，大多是采取传统的授课模式进行就业指导，这些难以满足低收入家庭大学生对就业能力提升的要求。

D04：目前的就业指导课程的内容相对局限于教科书的内容，对我们需要的当前最新的就业形势及就业能力提升的培养少了些，都是由本学院的负责学生工作的老师讲授课程。如果可以邀请一些就业指导专业团队的教师给我们讲授课程，应该能对我们就业能力的提升有更好的效果。

F06：我们大一的时候有专门的就业培训，上了两个星期。专门有老师指导，就是笔锋啊，或者是那个笔顺怎么写。然后等到大三的时候，我们就有专门的那种教你怎么讲课的课程。就是考察课，有三科，大二下学期的话是理论的。大三上学期的话就是实践了，大三的时候由于疫情上的是网课。老师告诉我们那个新教材的上册和下册怎么讲，讲的重点还有什么，就是一节小课就小的知识点都讲详细了，然后我们回去上课的时候就开始。每个人都上去讲课实践，然后老师评分，评的那个分就是最终考察课的分。然后我们平常有活动，就比如说我们数学文化节有那种讲课大赛的活动，每个人都可以参加，有海选，然后是初赛，最后到决赛，然后还有证书。

G07：就业方面，我觉得农村出来的孩子在教育上和城里的孩子有差距，首先对待人和事上就会有很大的不同。农村的孩子接触比较少，关于这些人际交往、待人接物方面希望能有一些培训。因为就业除了笔试成绩要好，还需要有面试，面试这一环节就需要展示自己长处、优点，工作能力还有价值，这一方面得到提升的话就会有一个很好的表现。专业方面就是处理业务的能力，但是对于如何展示专业能力，希望能在学校方面或者社会方面得到帮助。

（2）一对一针对性的就业帮扶

高校在就业指导过程中，忽视了针对低收入家庭大学生就业能力提升的培养和辅导，更多的是侧重于在就业方面以传统课程的方式讲授，没有"一对一"针对性地落实就业帮扶。高校开展的就业指导形式较为单一，内容相对简单，主要以课程、培训、讲座的方式，缺少对低收入家庭大学生从个性化视角给予持续性、长期性的"一对一"职业规划的指导。

D04：学校开设的就业指导课程一般是从大二到大四的上学年，其他时间也会有一些与就业求职有关的讲座，但是大部分讲座都是从政策角度或就业的形式来分析，数据相对陈旧，无法反映当前最新的就业需求，其实帮助不是很大。我们还是更加需要针对个人的"一对一"的就业指导，从大一入学开始开展跟踪性的、个性化强的就业指导帮扶。

（3）就业实习实践的提供

高校传统上重视教学，对学生的社会实践相对较忽视，专业课程安排得较多。但是对于低收入家庭大学生而言，由于自身的家庭经济状况，其实更多的是想通过学校提供实习和社会实践的机会锻炼就业能力及提升实践能力。

N14：学校为我们安排的课程较多，都是需要修满学分的理论课程。其实，我更希望能够安排些实习与社会实践课，但学校出于安全的考虑，还有当前疫情的特殊性，所以取消了社会实践课程，实习也是采取在校的模拟实习方式。但是我们还是很希望能够去真实的职业岗位去实习和锻炼，这样我们才能知道自己在就业方面还需要提升哪些方面的能力才能满足职业岗位的需求。

I09：学校举办的讲课大赛也有了解，讲课大赛很有意义，周围的很多同学都参加，讲得非常好的同学才会被选上，然后会有学姐带着他们练习，这样他们练习的时间也会比我们多。自己没有选上也确实是差得太多，比如在正常的口语表达、课程研究等方面都有欠缺，很多事情仅靠自己的练习短时间内是不能提升的。

P16：参加学校举办的就业实践比赛，学校专门负责讲课的老师去那块点评。比如说PPT做得不好，会教你PPT这块儿怎么改；然后那块板书写得不好，他就会说你这个笔顺写错啦，或者你这个设计不行，你应该怎么改。等到决赛的时候，你可以改完了再去讲，讲完了再评一等奖、二等奖、特等奖，这个机会一年就一次。我觉得很好是因为有专门的老师去点评，大家在一块儿讨论，就是参赛人员嘛，就觉得你这块可以再改，然后我们就会一起进步。这个名次不重要，主要是大家在一块儿学习，然后还能一块儿去比赛。因为这个是我们学院举行的，大家讲的都是数学。如果他这个讲解跟我讲的不一样，而且他讲得特别好，我就可以跟他学习如何去讲那部分的题，不仅提升自己，还可以去学别人，这个途径就挺好的，一个是让你自己去琢磨你的这个课，第二个是你精心准备的时候，会分析他的这个课的优势在哪，然后你才可以去借鉴。第一次参加时还没有上这个课，完全是自己准备的，有些东西不知道，完全是自己看别的老师的讲课视频再去扒一下，因为我们当时还没有上那种专业的课。上一次参加时那些课都学完了，然后就知道了这块不能犯这个错误，比如说设计的话都已经知道了，然后笔顺，还有PPT，比如我们数学中没有圈的那个句号，必须是点，还有一些数学公式之类的，那个必须是固定的，必须拿数学编辑器去打，我当时就是纯手打的，不知道用编辑器打，现在就必须用那个数学编辑器打，特别板正。当时不知道，就一个一个手调的，特别笨，现在的感觉就是知道这些东西之后做PPT特别快，也特别工整。当时第一次参加的时候那个语句，有的时候就不是很通顺，等第二次的时候，老师讲完之后对这个课就有了更深刻的理解了。但是第二次老师对我们就更严格了，因为老师也知道我们上过这个课了，要是你这块儿不该犯的老毛病又犯了，他就会很严，因为你上课了，但是你像那些没上课的同学一样犯了这种低级的错误。老师对我们评价更加严格。

A01：有校里面提供的模拟课堂，这个当时需要我们去报，但是学院每个年级只能报一个人，最后我们院里进行评选，选出一个人去学校里。我们院有一个讲得较好的同学，他去了。他那个PPT做得真的是特别好，他那个是动态的，我那个是静态的，他就是把它做成了动画，然后就感觉特别好。我要去学一学他是怎么做的。

（4）创业指导

在当今的创业时代，社会大环境鼓励个人创新创业，从而带动就业。但是低收入家庭大学生大多还在从事着传统的行业或是按部就班地求职就业，其实他们也有创业的热情，也有创业的渴望，希望能够接受创业指导和支持。

C03：我们也有自己创业的想法，如果学校能够给予足够的重视，可以为我们开设一些与创业相关的课程和指导，这将对我们毕业后创业就业会有很大的帮助。

4.3.2.2 社会就业保障支持

为了促进低收入家庭大学生更好地求职就业，社会对低收入家庭大学生的就业保障支持体系的建立是不可或缺的。社会对低收入家庭大学生的就业指导和就业信息网络平台等就业机构的建立为他们能够顺利求职就业提供了外在环境的重要支持。

（1）就业信息平台的完善

社会就业的信息化、网络化，需要做到对就业情况进行大数据管理，学生就业方面的信息量庞大，所以就业信息平台的有序运行相对较为复杂。目前，就业信息平台建设的很多方面投入的人力和资金不足，没有充分开发、建设及维护就业信息平台，但对于学生而言就业信息的提供和更新是其获取最新的就业市场动态、了解就业需要的主要途径，也是其希望能够得到保障的重要外在支持。

I09：我觉得对我们而言更加需要的是就业招聘信息的提供和更新，我们可以在第一时间获得就业信息，进而了解专业发展的动态，也可以提早准备简历、应聘的要求，这些就业信息对我们而言非常重要。

B02：如果能给我们这些大三、大四的学生提供一些就业信息、考研的要求以及一些待遇等比较详细的就业信息的话，无论是公立学校还是私立学校都可以，我觉得是一个非常大的帮助，可以为我们减少许多麻烦。因为我们也没有太多途径去寻找就业岗位，所以大部分都是大平台跟大平台之间的链接，比如说咱们学校或者学院这个大平台和私企、私立学校或者教育局之间的平台链接，如果能有具体就业信息的话，可以给我们非常大的帮助。

E05：建一个这样的网络平台，在网络平台上发布招聘信息和招聘邀请，这个网络平台是大家一起构建的，是大学和私企一起联合组建的，我觉得是现在最需要的一个平台。现在的形式都是招聘会之类的，其实很乱的，不是很系统，所以我希望构建一个平台，甚至我有一个自己的想法，实现工作和学习对等，或者我知道哪个工作岗位的要求是什么，我会衡量能不能达到，如果达到，我就去应聘面试；如果达不到，我就再去找其他的。这样的话，这个平台构建以后会解决很大一批人的问题。可以把这个工作的要求、薪资、待遇等一些详细信息都写在这个平台上，然后线下我看它说这个东西是不是真的，薪资以及各种保障是否是真的，就是我说的这个意思。它考核我是否达到了它的要求，这个岗位是教师也好，其他的岗位也好，一起互相考察，有时间就可以去线下面试。

（2）社会就业网络的畅通

对于低收入家庭大学生而言社会就业网络的欠缺，往往限制了他们职业选择的多样化。由于生活环境的局限，导致他们能够接触到的社会就业网络非常有限，身边的亲戚、朋友或是家庭成员所从事的行业，无法为他们的就业提供足够的就业关系网。

D04：由于我们家庭的限制吧，也接触不到那么多的社会就业关系，所以也无法从身边的家人那里获得更多的从业体验，其实这也限制了我们职业发展的多样性。

F06：我觉得国家做得挺好的，国家这部分我还没有想过，主要是社会层面，社会的话，如果能在假期的时候提供一些机会，就是我们这些有教师资格证的去到一些机构去练习一下讲课能力，如果没有教师资格证但讲课特别好的话也可以去。我就怕如果都去的话，有些同学就像我以前似的，没有专业培训过，就是当老师也会给一些孩子把知识点可能讲错了，给孩子耽误了，所以我觉得有教师资格证的或者是讲课能力比较好的就可以定点出去，去参加培训，培训完之后就可以去辅导别的学生了。

4.3.2.3 家庭的支持和鼓励

家庭作为重要的外在因素对就业能力的影响是不容忽视的。根据访谈对象的访谈内容可以看出，家庭经济状况、家庭的鼓励和支持、家庭成员的工作经验、家庭对自己的信任、父母的期望等方面会对就业能力产生影响作用。他们表示自己的家庭经济收入有限，难得能有机会走出家门出来求学，非常珍惜学习机会，所以不能辜负家人对自己的养育和支持，一定要努力地提升自身的就业能力。

（1）家庭的鼓励和支持

在访谈过程中访谈对象表示，自己的家庭出身及家庭收入情况是他们与其他同学有差异的地方，这些客观因素不是不可改变的事实。很多访谈对象表示自己是农村出来的，家里还有弟弟妹妹，即使这样的家庭背景，他们的父母仍然非常支持自己出来读书求学，希望可以通过读书改变命运。

从访谈对象的表述可以看出经济条件相对较差的他们，成长中的艰苦生活，促使他们更加渴望获得职业发展，也懂得珍惜求学机会的不容易。家庭作为他们强大的支持，是他们努力的动力来源，而这一主要的外在因素对他们就业能力的形成起着重要的影响作用。

A01：我是从农村走出来的，家里出了我这个大学生，村里的人都非常羡慕，我自己也非常珍惜学习的机会。父母为了能让我好好学习，家里的农活都不让我回去干，一直鼓励和支持我努力学习，将来可以找份好工作。

D04：我父母都在外地打工，从小跟爷爷长大，家人一直非常支持我，我想考研究生再工作，他们鼓励我好好复习，相信自己，一定能够通过努力考上研究生。

F06：我老姑是长春的一个初中老师，她当年也是读完研之后才工作的。她是长春中学的一个初中物理老师，我当时去问她："老姑，你看这个现代就业率，你觉得我是该考研还是该就业？"她说："我希望你考研，因为你考研肯定能考上一个211或985。这样的话估计工作之后可能更好一些。"可是我说："那我要是想进私立学校呢？"她说："那你要是想进私立学校，先磨炼几年也是可以的。"其实她也没有那么太绝对说读研究生好或者就业好，也是给了我两个选择的方向。我觉得家人的建议和支持还是很重要的。

J10：毕竟我读书的经历也是比较坎坷的，我是农村出来的，村里的小学什么的，那个时候不是乡村小学，是私立小学。从私立小学出来之后，我遇到的第一个贵人就是我的姑姑，她说我这个孩子非常不错，把我推荐到了县城的小学。我六年级的时候就去了县城的小学，然后在那读了一年，以非常优异的成绩，那个时候就是满分，全县只有两个人，考到了一个初中，然后就是被各种名师抢着要。因为当时有一个观点，就是数学要招男孩子，比较聪明，当时就去了一个我心仪的老师那。因为我当时英语不好，就选择了一个英语的班主任，当时我英语得到了一个突飞猛进的进步，所以英语老师是我的第二个贵人，也是帮助我最大的一个贵人。第三位就是高中的时候，碰到了我的语文老师，基本上就是哪科不好，哪科老师就是我的贵人。高中的时候语文不好，我们那一年语文特别难，突变题型，跟往年的题型都不一样，18年高考，那一年高考我语文打了114分，114分是全县高中能排得上前十的语文成绩。也是比较坎坷，当时我的英语和语文差到什么程度呢？英语能达到不及格，小学的时候从来没有及格过，初中之后，这个老师帮我，就能打到百分。

H08：我的父母就是很普通，他们自己不太了解这些，因为他们的学历只有小学和初中，所以说我爸妈只能在经济还有生活上给我支持。他们觉得尊重我的选择就是尊重，不会给一些参考意见，但是他们知道研究生的学历比本科生好一点、高一点，我的父母只知道这种大家都知道的事情，还是比较支持我的。

N14：家里就是爷爷奶奶，我对以后所有的规划，如在选专业的时候就会和他们达成共识的，所以他们对我的想法也很支持，无论是考研还是就业他们都会无条件支持，不想让我有太大的压力，走好自己的路就可以。未来从事的职业，因为我从小的理想就是当一个老师，家长也是非常认同的。

D04：首先我家里就非常支持我，这样我是没有各种后顾之忧的，而且从我自身来讲，还有我的家庭情况来讲，这样一个稳定的职业都是非常适合我的，而且在我成长过程中的每一个阶段都接触到了各种各样的老师。就目前来讲，虽然我还没有真正成为一名教师，但是在我教课的过程中也会遇到各种各样的困难，也有过让我怀疑自己究竟能不能成为一名好老师，但是时间越久越发现身边很多人都有这样的困惑，甚至我自己的老师也有过这样的困惑。我觉得这些事情都是可以解决的，而且我的老师对我的评价和观察也认为我可以胜任这些，所以我对自己的目标也越来越坚定。一路走来，外在的一些鼓励和期待，对我的激励还是很大的。我在这个过程中也越来越看到自己的价值，无论是和学校沟通还是各个方面，感觉自己能发挥自己的作用。

（2）家庭成员的工作经验

访谈对象表示在求职的过程中，来自家庭成员的工作经验分享和从业体会对自己有很大的帮助。对于还未就业的在校低收入家庭大学生而言，来自家庭成员的成功或是失败工作经验的分享，无疑为他们提供了最直观的未来可能从事工作的最初的了解，也对他们在校学习期间集中提升哪些方面的就业能力起到一定的指引作用。

D04：在我确定职业发展方向的过程中，家庭成员的工作经验分享对我的职业选择非常重要。我家有个姑姑是从事教育行业的，她会给我讲很多关于从教的经验和心得，这些经验也让我更加坚定以后也要从事教育事业。

N14：当时我有想过是否能借助我大姑父的力量就业，但他的领域和我的不一样，他是美国世界五百强公司的驻中国分公司的总裁，很厉害的一个人，年薪好像是两百多万。但有一个非常大的帮助，如果说我要是能进到他的公司，也是一种选择。

I09：关键是去借鉴一些榜样或者成功人士，他们的过往经历，还有可能来源于你的亲戚、朋友以及家人这边可能在他的领域中做得比较优秀或者比较好的，你可以去咨询，跟他聊。

（3）父母的期望

很多研究表明家人的期待对个体自我效能感的提升及职业发展都存在正相关关系。访谈对象的访谈内容也证明了这一点，多位访谈对象表示来自父母对自己的期望是自己一直坚持努力学习的主要动力，不能辜负父母对自己的期待，这一点促使自己努力提升就业能力，想通过自己的努力改变家庭状况。

H08：家人对我的期望很大，这也是我一直努力的主要原因，不想辜负家人的期待，努力地学习，提升自己的能力，希望能找到一份好工作。

G07：家里人都在上海，他们劝我去华东师范大学，我呢是有点倾向，但是我知道那个大学的考研分数线是比北大清华还要高的，我查过了，考这个还不如考北大呢。为什么它那么高？因为它在上海，大部分就业就在上海当老师，上海的老师和长春的差距还是比较大的，所以它的分数比较高。

P16：我爸对我的想法也是以后能够稳定生活就可以，对我的期望就是凭借自己的本事找一份工作，目前为止都是这种想法。因为家长也不可能照顾你一辈子，所以肯定还是要靠自己生活的。

4.3.2.4 老师的支持与引导

老师的支持和引导是指在学生职业发展方面教师给予求职要求及职业准备的指导和支持。老师对他们的积极引导、支持和帮助，是他们顺利完成学业和求职的重要外在因素。

（1）老师的支持和引导

访谈对象表示来自老师的支持和引导是使自己始终保持学习状态、积极提升自身能力的重要外在因素，在大学的学习过程中，教师不仅仅在专业方面传授知识，同时在就业方面和研究生报考方面也给予自己很大的帮助和支持，使自己在学习上能够始终保持努力的劲头，并努力提升自身的就业能力。

D04：在做实验的时候，我的老师对我的支持和帮助很大。老师不仅仅会指导我如何开展学术研究，同时也会帮我结合自身情况细致分析我将来的职业发展方向，指导我就业，这些指导对我非常重要，也使我更加明确了今后努力的方向。

F06：在读书的时候，老师对我们就业方面的指导非常重要，比如说考研的报考学校及专业的选择，这些内容是家里父母无法指导我们的，而老师会从专业的角度客观地帮我们分析，这对我学习和工作都非常有帮助。

J10：老师也都建议说早一些准备就业，准备比较早的话可以比较充分，能力的提升也会更快。比如说老师建议我们关注就业的招聘信息，之前也看过一些，比如说深圳的学校，就这样对深圳、上海还有北京这种人，如果它们要是进行招聘的话，像深圳、上海还有北京的学生，他们就会更贴近或者地理位置更好。或者是985那种更好的一些院校获得的招聘信息更快一点，与普通的那些院校比的话，就比较具体，比如说吉林大学在长春，那个学校和我们这个学校比的话，有时候信息的获得不是同一时间。这种高一点、好一点的学校获得信息，无论是渠道还是信息资源、公司资源，都会比其他的学校更好一些、更快一些。

G07：就比如说我的高中班主任吧，他是一个历史老师，他很了解我家的情况，并且关于各种餐饮费、住宿费等他都会向学校各种争取，对我帮助很大。我的学习一开始是很顺利的，但是到了模考之后一直不太理想，然后压力也很大，在很长一段时间里我都是一个很注重结果的人，那个时候老师了解到我的情况，会和我聊很多，只有把眼前的事情做好，才能一步一步达到自己预想的那样。这样的一些指导对我以后做很多事都有很大的影响。我觉得一路走来，你的感知是开放的，能够感受到别人对你的关注以及帮助和支持，因为有的孩子可能在性格上比较腼腆，或者有很多顾虑认为自己就可以解决，但是外在的一些帮助也是很有必要的，会减轻你很多负担。我认为一个人的成长还是需要很多很多外力的作用的，因为一个人在成长过程中一些鼓励和一些善意都会对自己有很多的作用，我很乐意接受这些帮助和支持。

C03：我参加了讲课比赛，比赛有专门的老师去点评，大家在一块儿讨论，就是参赛人员嘛，就觉得你这块可以再改，然后我们就会一起进步。这个名次不重要，主要是大家在一块儿学习，然后还能一块儿去比赛。因为这个是我们学院举行的，大家讲的都是数学。就比如果他这个讲解跟我讲的不一样，而且他讲得特别好，我就可以跟他学习如何去讲那部分的题，不仅提升自己，还可以去学别人，这个途径就挺好的，一个是让你自己去琢磨你的这个课，第二个是你精心准备的时候，会分析他的这个课的优势在哪，然后你才可以去借鉴，其实结果都不重要了。

E04：很多老师都提及这方面，建议我们定好目标，考研还是就业，引导大家往更深层次去考虑，而且我们是统招，虽然没有定向就业，但是想更深层次地发展，就要不断深造。

（2）老师的就业指导

访谈对象表示，老师对自己就业方面的指导非常重要，使他们在学习迷茫时可以重新找到学习的目标和努力的方向，也使他们明白只有不断地加强自身的就业能力才能在就业时成功就业；同时，也相信自己只要努力，提升自己的能力，就一定可以找到一份理想的工作。

A01：老师会从专业发展的角度给我们提供最新的就业发展趋势，这些都会帮助到我。

G07：我刚入学时比较内向，不爱跟人说话，学习和生活圈都比较简单。我的班主任找到我，跟我了解家庭情况后，细心地开导我，不用有什么顾虑，告诉我只要努力学习，提升自身的就业能力，就能找到一份好工作。

P16：我的老师对我的影响很大，自从我入学以来他就特别关心我，不断地鼓励我，使我能够很快融入大学生活。他也结合我自身的情况帮我分析和指导今后找工作可能的选择。

D04：每年毕业这个时间就会有很多的公司来到校园招聘，我觉得信息都是公开的，然后就业老师也会让一些有这种意向的同学去看看，我觉得这个就非常好，对我们非常有帮助。老师会提供不同专业的就业招聘信息，我们在校生可以早点了解最新的招聘要求。

B02：我觉得每次课上就可以进行就业指导，比如说一些专业课的老师，每次他们讲课不只是讲课，还会跟我们说一下这个专业的一些新的方向，或者是研究开发领域，比如说上学期学的激光这门课程，每次上课老师都会让我们仔细去看这个领域存在什么不足、什么缺点，然后让我们去深挖，说自己存在的不足，这都是我们以后发展的一个切入点。因为有问题，有不足，如果要提高的话就需要研究。然后别的专业课的老师也都会跟我们分享关于这门课程的一些相关的信息，作为我们专业的一个新的切入点。

L12：就业指导老师也找我们探讨过，学院这方面的工作做得也很到位。老师到我们寝室，要求有职业目标或者没有职业目标的同学都清晰地谈一下，像我们现在是大三了，考研的就向考研的方向上做规划，就业的就会给一些就业方面的建议，然后自己去做，隔一段时间如果遇到什么困难可以和老师反馈。

C03：家里人是我的爷爷，他对我的重视是多方面的。我认为他的教育方式是很值得借鉴的，他用鼓励式的态度来教导我，这可能就为我从小打下了好的基础。高中之后我的班主任也对我影响很大，他和我的爷爷有相似的地方，都很倡导鼓励式教导，而且还给我很大的帮助，生活上和身心上都有。

E05：对于考研方面的信息网上可以查到的不能给我特别直观清晰的印象，比较表面，我主要从老师或者别的方面来了解这些信息。我可能更关心这个科目的录取率、考的科目、就业前景等相关问题，毕竟读完研是要求职的，希望这方面渗透得多一些，更加系统的针对需求多一些，我在这方面还是很模糊，不是很清晰。

（3）老师的鼓励

访谈对象表示，老师对自己的鼓励是方方面面的，不仅仅是学业上，生活上的帮助和鼓励使他们能够更快地适应大学生活，融入集体，以一个积极的状态投入到学习和就业准备上。

D04：老师他们像家人一样关心和照顾我，让自己觉得一定要好好学习才行，要不然感觉对不起老师的鼓励和支持。

K11：老师对我帮助更多的是使我消除了不自信、自卑的心理，能够积极地面对同学们，勇敢地去争取自己的学习和就业机会。

L12：我最近遭遇了一点变故，因为我情况比较特殊一点，我做了一场大的手术。就在国庆前几天，我被医院查出左腿大腿的位置长了一个骨瘤，0.7厘米，位置不太好，长在骨头最里面，手术的时候要把骨头都锯开，一直到最里面，再用钢板和钢钉给它固定好。但是手术金额对我家来说已经非常巨大了，当时花了将近十万，而且不是一次手术，第一次就花了这么多，然后第二次还要拆除植入的钢板和钢钉，拆除的费用也要在五万左右，好的情况下两次就可以了。现在我已经复查两次了，医生说长得还不错，骨头缝已经变小了，等骨头缝没的时候就证明彻底痊愈了。对我来说，当时手术的时候，我还真没感到紧张害怕什么的。我最担心的问题就是钱的问题，家庭经济状况不好。

我的学院帮助我解决了很大一部分的经济问题。当时我的学院的一个书记，叫×××，现在他调走了，调到了别的学院。书记当时非常关心我，问我家里缺不缺钱，这个手术费用很大。当时他给我发信息的时候，我已经手术完两天了，那个时候我记得非常模糊，手术完了还有麻药然后还发烧，我没能及时回复，第三天的时候我才看到手机，然后我就给书记打了个电话，然后书记就说帮我在学院里筹一下款，我一开始还有点不好意思，我说：不用了。书记，有点不太好意思，还觉得耽误大家时间什么的。后来书记就劝我说："你不用有太大的心理负担，你在这个集体中，现在是学院帮你，以后我们可能需要帮助的时候，你也去帮助别人。"他联合了我们学院另外一位老师，两位老师就一起劝我不要有太大的心理负担，然后这两位老师劝我之后我就说，挺感谢他们的。最终大家帮我募捐到了三万多，解决了很大的问题。

I09：最大的一个关键就是我当时真的很认真地执行了老师说的话，我是完全信任当时的老师并且去执行，这样我才能在短暂时间内迅速地提升，我用半年时间就提升了，特别快。后来就是我在初中的时候，我们学校是六百多人，最开始我的成绩也不是特别好，考到了46名，后来在老师的督促下，能够达到全校第一第二这种程度。我最大的优点就是听话，因为那个时候初中就是听话，而到了高中完全相反，高中就是不听话。

4.3.2.5 同学/朋友的经验分享

同学/朋友的经验分享指同学/朋友在求职、就业能力提升等方面的经验及体会分享。访谈对象表示，同学或朋友的丰富的就业经验传授是很重要的就业资源，他们求职或考研经验的分享为自己准备就业和考研提高了效率，节省了大量的时间和精力。

（1）学长的榜样作用

访谈对象表示，大学期间学长的榜样作用对自己的激励很大，不仅是在学业上，而且在就业方面的榜样作用更为突出，他们的就业去向是自己就业方向的重要参考依据。

A01：我刚入学时专业课的学习非常费劲，一位学习很好的学长在课下帮我辅导课程，还帮我梳理课程的主要内容，很快我就适应了专业课的学习方式。

Q17：对我来说在校学习期间，××学长的榜样作用对我的影响很大，他不仅学习好，而且在为人处世方面做得也特别好，从他身上我学到很多，一个有能力的人，既要有时间管理能力，又要对自己有掌控能力，这促使我也要努力提升自己各个方面的能力。

I09：大一开始就有一些就业指导，会有一些考研或者已经就业的学长或学姐的讲座，大三开始就有专门的指导，一些过来人的帮助还是很有必要的，可以选择适合自己的去学习。

M13：之前有一位检察院的人来我们学校做过一些相关的介绍，了解了一些，这个行业和我们专业是对口的，主要就是司法考试以及相关内容难度范围的一些了解，如果去司法机关需要具备什么样的能力，这方面的一些介绍。我了解到想成为他这样的人我需要一步一步怎么做。现在网络上的资源也很多，如果想了解的话也可以在上面看一看。我觉得学校做得就很好，像我们的辅导员经常分享一些关于招聘方面的知识，如一些岗位信息、国家的政策、就业政策，还经常开直播，对我们进行就业指导。上学期网课还专门开了一门讲就业指导的，其实这方面学校也只是提供一些指导和信息，我们还是需要根据学校给的这些方法自己进行实践。

B02：学院安排一些有经验的机构给我们举办讲座，还有一些已经工作的学长学姐来给我们分享经验，很多我都参加了，有时间就去。活动参加多了就会知道很多优秀同学的表现，还知道我们这个专业除了可以去学校当老师，还可以去很多机构当老师，帮助很大。已经就业或者读研的学姐分享的那些经验，像哪些方面需要准备，会对我们比较有用，可以让我们看看过来人是怎么走的。

（2）同学就业经验的分享

访谈对象表示，同学就业经验的分享对自己在就业方面的帮助非常明显，可以让自己直观地了解就业的最新动态，以及自己急需提升哪些方面的就业能力，才能顺利地求职就业。

D04：学长会把他们自己的求职和考研经验分享给我们，有些是成功经验，有些是失败经验，不管是哪些方面的经验对我们而言都非常重要。这些宝贵的经验让我们在就业和考研方面都更加明确方向。

L12：我对我的专业发展前景和就业市场的了解一无所知，通过咨询学长们的求职经验和心得体会，使我清晰了专业发展趋势，而且也了解了当前的就业形势以及自己需要提高哪些方面的就业能力。

A01：有一个刚工作的学姐给过我建议，还是和自己想的出入很大，因为学姐经历的那些，平时觉得上课练的、学习的那些方面不太能用到，但是学姐说她在面试的时候各方面都是综合评估的，像学习还有考的那些证书，不是自己之前认为的那样有一方面强就行了。各方面都要做好充足的准备才能找到心仪的工作.

B02：已经从业的人员，他没有谈及，现实的实际岗位的历练对于工科同学而言，其实也很重要。反馈的建议中涉及需要不断提升专业能力，即使在工作当中也要看专业书，不停地学习专业知识。可能因为这个专业或者说从业的这个领域比较特殊，需要不断地去更新，然后根据最前沿的研发趋势，需要不断地掌握最新的技术。这就对从业人员的学习能力有所要求，或者说它需要有不断去学习的这个劲头。

4.3.3　影响低收入家庭大学生就业能力的内部因素

4.3.3.1　自我效能感

自我效能感是指个体应对不同环境需求的自信心，主要表现为对自己能力的肯定和认可，相信自己可以通过努力完成不同任务或解决所面对的困难。

（1）有信心找到工作

低收入家庭大学生有时会产生自卑、自我评价低的心理，在求职就业方面表现出胆怯畏缩或缺乏信心，导致自我否定、自我封闭等现象的出现。所以要鼓励低收入家庭大学生建立自信，让他们相信自己能行，能够通过努力和就业能力的提高找到一份满意的工作。只有建立自信心才能对自己采取的行动有信心，并在结果期待的驱使下成功地完成任务。访谈对象表示自己首先要对就业有信心，相信自己可以找到工作。

A01：在就业这个事上，我一直鼓励自己，相信通过我的努力，可以找到一份满意的工作。当然，这些都基于我自己在大学期间不断地做高考题，给高中的学生做兼职家教，这样在督促自己提升专业知识的同时也提高了讲课能力，所以，我相信我是可以找到一份不错的工作的。

E05：当看到同学们不是忙着找工作就是考研究生时，我才意识到自己也必须努力起来，要相信自己，只要努力就能成功。

K11：找工作一直就是我的目标，自从我上大学以来就没有放弃努力，我相信只要努力一定可以改变命运，成功地求职就业。

L12：我是挺爱折腾的一个人，我也相信自己能干成事，我相信自己的能力。所以我是偏向于创业的，我看到这个机构的整个运营模式，就想开一个自己的比较小的店，我想自己创业的时候也能有些帮助。或者和合伙人一起创业兴许也是一个不错的选择，所以我在想这个问题，但是这条路是最不被我家人接受的一条路，这条路是我自己最愿意干的，但也是阻力最大的一条路。

（2）对自己有信心

对自己有信心是个非常重要的自我效能信念。访谈对象表示，只有对自己充满信心，才能积极地面对一切困难，对自己信心满满，才敢于去尝试或争取就业机会。

B02：大学四年的时间我从来没有放松过，一直为求职就业时刻做着准备，无论是兼职补课还是课下的学业，我都丝毫没有放松过。我对自己有信心，通过四年的努力一定可以顺利就业。

E05：我担任学生干部也是想从各个方面锻炼自己，提升自己的能力，比如说语言表达能力、人际沟通能力等这些都是就业需要的能力，所以我有这个信心，在求职之前通过我的努力充分提升自己的就业能力。

H08：我还是相信自己有一天能达到俞敏洪那个级别，这个目标的实现需要很长的时间。但是一旦达到了这个目标，接下来的目标都会很容易达到，最难的就是这个起步阶段，如果熬过去了，后面会有一个突破性的发展，说白了，有点像联盟一样，可以迅速地在全国各地开花。

L12：我还是挺有信心去克服自己的这些不足并且提升自己的技能的，因为这些也是走向工作必须要具备的。走上工作岗位，如果这些还没有练好，不仅是对自己不负责，更是对大家不负责。

（3）相信自己能行

访谈对象表示，在大学期间兼职的锻炼、学生干部的担任等都是提升自己能力的途径，而且这些锻炼的经历也让他们更有信心，逐渐建立自信，相信自己可以干成想干的事情，相信自己能行。

N14：其实在学校可以通过多种渠道，建立自信，比如参加各种社团活动，通过参与、组织、协调等方面的锻炼，一点一点地就建立了自信，并相信自己能行，能够完成任务。

G07：我是通过兼职锻炼的经历提升自信心的，开始我也很胆怯，怕讲不好，也怕丢人，但是经过一段时间的锻炼，就增强了自己的讲课自信心，同时也提升了我的就业能力。

（4）充分地认识自我

充分地认识自我指对自己有清楚的判断，了解自己的优势和劣势，在求职就业时可以充分展示自己的优势，获得成功的就业机会。

L12：我首先对自己认识得比较清晰，比如在就业能力方面，我觉得自己语言表达不好，所以我在学校特意地锻炼这方面的技能，通过参加演讲比赛、讲课比赛等活动，让自己在一次次的锻炼中成长，慢慢也就有提高了。

4.3.3.2 职业目标

职业目标是指个人希望自己从事并为之而努力的某职业层次及类型组合。只有目标明确，才能够使大学生在求职过程中更有行动力。

（1）职业规划明确

职业规划明确是指低收入家庭大学生对自身的职业发展有清晰的计划和设计并按照计划实施职业发展的过程。访谈对象表示，很有必要进行有条理的职业规划，这样对职业发展的每一个阶段需要达成的目标和任务都会很清晰和明确，也就是使目标具体化。只有在目标任务达成下有序地推进和实施学习和求职计划，才能在有限的时间内高效地完成就业能力的提升，进而获得职业生涯的良性发展。

F06：我们上过职业生涯规划的课程，我也按照课程要求制定了自己的职业规划，根据职业发展目标，制定相应的职业发展具体的达成目标，我觉得对我的职业发展和就业能力的提高还是很有用的。

D04：我为自己设定了毕业即就业的职业发展规划，所以在大学期间主要就是提升就业能力，为求职做好准备。我尽量让自己在每个阶段的学习、每一步的学习都要更加接近我的目标，让我的目标变得更加清晰才行。

G07：我从上大一的时候就有意识地规划我的职业发展，提升自己的能力了。因为我家境一般，所以我就不停地去做家教或者和机构做一些合作。以前在我身体健康的时候，我其实自己挣了不少钱，忙一点的话，20天之内能赚一万到一万二左右。

K11：我对自己的事情就是有规划，我就是这样的一个人，当时我学了一个词，就是未雨绸缪。

P16：我对职业的规划就是想自己创办一个教育机构或者一个教育平台，因为中国的线上教育很多，但是线下的规模大的相对较少，所以我就想创办线下的这个。我的预期是工作五年之后或者三年之后我单干，这样的话可能会解决一个长远的局限性问题。

I09：首先要明确自己的职业规划，比如我们光电信息专业不同的领域要求不同，有一些是专门的计算机领域，还有一些涉及计算机编程，但不需要专门去学习，只是涉及。就以昨天看到的腾讯云为例，后台云工程师以及腾讯维护的那种岗位，首先要求学历是本科，但是必须有三年的工作经验，工资的话是一万到三万，应该是刚开始，后来会有提升什么的。

O15：我对自己的规划就是如果有能力、有机会的话，就做高校的，没有机会的话，就做基础教育的高中老师。如果能留大学的话最好，当大学老师。

A01：当下就业不是很容易的，考虑自己以后如果不考研也不会十分容易，更加坚定了我的目标。前期的准备都是为以后更好发展打下基础，即使前期不能照顾家人，但是这个准备工作也是特别重要的，全身心地投入到考研和规划中，而不是把心思花在纠结上。

（2）职业目标清晰

职业目标清晰是指低收入家庭大学生明确自己的职业发展方向，自己的求职目标具体且清晰。访谈对象表示，首先要基于对自我的了解，其次是对职业世界的了解，最后建立两者之间的关系，确定自己的职业目标。

K11：我出身农村，我上学的目的就是想通过知识改变命运，所以我的职业目标非常清晰明确，要抓紧每一分钟来提升自己的能力，为求职做充分的准备。

O15：我一直很明确地知道我要的是什么，我很想去大城市发展，我想去体验不一样的人生，想通过自己的努力争取好的生活，所以在学习上和就业能力提升方面我一直非常努力，我也期待能找到一份满意的工作。

B02：我首先是明确自己的职业目标，我选择机构的时候会选择那些规模比较大的、有正规渠道的教育机构，因为这样的话，会锻炼我的讲课能力和带学生的能力，还可以给我实习证明。现在我已经拿到了一级证明，当时我怕以后找工作的时候需要提供实习材料。

D04：我已经想好了几个想考研的专业，数学专业因为我们有基础数学等，我肯定是二选一，要么是基本数学，要么是基础数学，只不过以后的就业方向不一样，如果我选基础数学，那么就注定了我是一个高中的数学老师，或者我读博士的话那就是一个大学的数学老师；如果我选应用数学的话那就不一定了，我也可以因为我研究生选择的方向去选择一些计算机方面的公司，比如说软件公司、游戏公司，特别好的话，特别牛的话，就是华为，华为只认能力不认学历，华为主要的就是关于计算机的、数学的，所以这个方面比较好，我更偏向于考这个。

E05：未来从事的职业，因为我从小的理想就是当一个老师，家长也是非常认同的，觉得老师是一个很神圣的职业。从小到大每个阶段我都会遇到一些特别好的老师，我发现每一个阶段的老师都能给孩子起到一些非常重要的作用，给孩子们很多鼓励，我希望我也能有一天成为这样的老师，在孩子的成长过程中起一个很重要的作用，这样肯定是非常有成就感的。

I09：个人而言，我觉得就是一步一步踏踏实实地向前吧，因为目标已经定了，很多事情都是非常明晰的，一步一步锻炼自己的能力。为达成我的目标，实现我的愿望，一定不能让努力白白付出，尽自己所能更接近目标。

M13：我确实有考虑过直接工作，现在虽然家庭经济压力很大，但是还没到不能承受的地步，所以我还是想提升一下自己，读研也是为了更好地工作，而且现在也没有到不能读的地步，通过学历提升可以得到更好的工作机会。当时选择的时候也很纠结，因为有的学长签到了自己心仪的地方，可能我读研之后也未必能去那里，但是最终还是选择了读研，因为觉得读研之后自己受限的方面可能更小，选择的机会更多。我一直有的目标就是做一个高中的老师，因为高中阶段对我的影响很大，如果我不读研可能没有办法去学校工作，只能一直在教育机构，这是我的一个底线吧。我觉得读研可能会使我变得更好，在教育这个行业做下去。

C03：实际上进入大学之后，就开始清晰地认识到自己的目标，在学习过程中也是一步步定下自己的目标，上课时老师的话对我的影响和老师对知识的传授让我定下这个目标。为了自己的目标要付出更大的努力，对知识的学习，也要有所侧重了。

F06：我的专业是小学教育专业，但是我想当大学老师。不单是可以从事教师行业，因为即使是教师岗位也有高等教师和初等教师，而且大学教师很让人向往。我觉得大学教师自己的时间更多一点，也可以让我照顾我的家人更多一些。

A01：我们这里还是公务员最受欢迎，和专业还比较相关，是我的一个长期目标，参加司法考试，应聘一个司法机关。

（3）专业发展方向明确

明确的专业发展方向是对低收入家庭大学生的职业发展非常重要的影响因素。确定专业的发展，不仅对求职，而且对研究生阶段的专业发展也非常重要。访谈对象表示，对专业发展的明确促使自己在学业上会更有动力，激励自己努力向上，为成为专业领域的优秀人才而奋斗。

D04：只有自己的专业发展明确后，无论是学业上还是就业方向方面，都会更加清晰，这也决定了你下一步的努力方向。

I09：我很喜欢我的专业，数学专业无论是基础教育领域，还是在高等教育领域都很好就业，所以我会更加努力地学习专业课程。

E05：我对自己专业发展的规划从大一的时候就开始了，大一上半年的时候可能比较懵懂，什么都不知道，两眼一抹黑；后来到大一下学期的时候，我读了一本书，我觉得那本书对我影响很大，梦想不负青春。这是一本励志的书，当时书里面写道，现在的学习路径有很多，比如说网课、学习视频，网站里面也有很多具体的课，还有学习通，等等，当时我是一个平台都不知道。然后我就打开了这个平台，我才知道这个平台上有各种各样的知识，然后我就感觉获得了一个非常广阔的世界，一个非常大的世界，非常开心。书中还说现在的大学生不愿意读书，我一想真是，从那个时候我就想大学四年不至于一天两三本书，但是我至少要读完一百本书，从大一下学期开始，我就开始读各类书籍。读书方面我也有一点点建议，我一开始就是跟着感觉走，后来我就确定了几个方向，然后开始写读书笔记，每读完一本书都要写读书笔记，字数可能在二百到两千不等，后来在板书的后面做了一个读书分类，分成数学本专业的相关知识、教育学的知识、关于教育心理学的还有基础心理学的，等等。数学的读了两三本基本就没有什么兴趣了，都是介绍一些特别基础的知识，我当时读也读不明白，因为当时才大一。后来开始看一些文史类的，比如说《明朝那些事儿》，咱们图书馆只有一本，当时还有一本也是明史的，内容非常好，因为当时有一部电视剧《人民的名义》嘛，然后我就知道这是一部明史，当时正好读完《明朝那些事儿》，发现它是《明朝那些事儿》的一个简略版。我觉得这方面对我的影响很大，因为我发现读这些书以后，获得了一些特别实用的心理学知识，因为光有理论没有太大的用处，但是使用的时候它会告诉你一些特征，你就不由自主地想到，最开始学心理学的时候还想不到，但是读了几本以后脑子就有一点自动化了，就能看出一些学生的特殊情况，他一溜号，你一眼就能看出来，或者他家里发生过什么变故都能看出来，可能家里父母离异或者是单亲家庭很容易看出来，表现得真的很明显。去年冬天的时候遇到过一个女孩儿，她就是单亲家庭，她的眼神就能一眼看出来不对劲儿。后来我就问，她说她爸爸已经不知道在哪了，她妈妈在身边，当时我最大的感觉就是我感觉对了，从那以后我就感觉我在心理方面就可以了。我从大一上学期开始，实习也好，兼职也好，找到了不少工作，也在各种机构里辗转。

M13：最开始的时候给自己定的目标就是当学习委员，我当时也有私心，就是奔着保研去的，因为学委跟老师的关系可能沟通比较多，跟老师聊天也是比较多的，我当时也说了一个就是希望成绩上比较好，然后我就定的学委。后来确实自己努力，加上考察课没有后顾之忧，我当时考察课基本都是优，后来就还好，达到了我的目标。

C03：我觉得教师是一个很好的职业。因为之前我初中和高中的老师都给我起到了一个榜样的作用，给我很大的影响，所以我很想往这方面发展，觉得很喜欢，想延续。

A01：首先就是专业知识方面，其次是其他各项能力的培养，个人能力提高了才能提升自己的就业能力。最基本的专业知识一定要学好，然后遇到其他各项事情的时候把握住各种机会，像考研考公务员这些尽量去尝试，现在竞争这么激烈，比我优秀的人有很多，肯定会遇到一些失败的，即使失败了还可以尝试其他的方面。

B02：我觉得工科理论知识还有操作能力方面都不太够。对于工科这个异于师范类而言的专业，它不仅要有理论知识，同时还要与实践相连接，我觉得哪一部分都不是做得很充分。比如说我接下来要学习的本专业里的计算机或者编程的相关课程，这方面我肯定不如那些科班出身的、专门学这些方面的人强。在工作中，我可能会用到其他专业的知识，但是我不了解，不是很熟悉，简单说就是编程或者计算机的这个部分，围绕咱们这个专业而言的话，对口进入到这个核心的研发部门，打比方说进入到企业的话，或者进入到高校的话，那应该是科研的、创新的、比较前沿的领域，我觉得这方面至少现在学到的东西还不是很充足，我还要努力提升专业能力。

4.3.3.3 求职主动性

求职主动性是指低收入家庭大学生在完成预期任务的过程中，促使自己主动去采取行动的动力，具体指不用外人要求，个体主动付出努力去完成任务或行动。从受访者的表述可知，求职主动性包括主动准备求职和积极主动提高能力两个方面。

（1）主动准备求职

主动准备求职是指低收入家庭大学生积极主动地为求职应聘做各方面的准备，包括了解用人单位的招聘要求、薪酬待遇、考核指标等。访谈对象表示，积极主动地准备求职不仅是求职的必需环节，也是对自己负责的一种态度。

J10：我寒窗苦读这么多年就是为了能获得一份理想的工作，所以我一直非常关注应聘的事情，特别是会主动地去了解最新的招聘要求，看看自己有什么需要进一步提高的。

A01：我家里这方面靠不上什么，所以我也清楚地知道就业全要靠自己的努力，我会很认真地了解招聘的要求，不断地调整自己的状态，希望可以让用人单位满意，找到一份理想的工作。

M13：我会主动地去准备就业的事情，有意识地探索和搜寻就业的相关要求，这样才会发现就业的重要性。我觉得跟别的同学相比的话，应该有很强烈的意识去提升自己的就业能力。找专业对口的就业去向、最前沿的要求或者现在用人的趋势是怎样的，然后再反过来看自己，可能会有一些地方还没达到，然后再慢慢地、不断地去调整自己。

C03：首先我觉得专业知识必须得牢固，你讲的内容得讲对了，不能讲错了，然后就是得具有一些教师的魅力，你能吸引学生去听你这节课，不要讲得太枯燥，尤其是大班的学生，如果讲得太枯燥就不会有人好好听讲。如果我以后当老师的话，我觉得修养和道德全面发展都很重要，要引领孩子们。然后我的板书，虽然是数学老师，但我希望我的板书也是工工整整的，给孩子起带头作用，所以板书设计要锻炼一下。

B02：我每天有时间就去练习粉笔字，这是当老师的必备能力。每天查课的时候，我就会请大家提前半个小时到，就会早起一点，那个时间我就去练粉笔字，去哪个屋子查课我就会去哪个屋子练粉笔字，然后用五分钟擦掉，十分钟等他们。自己提早一点，然后用半个小时的时间去提升自己写粉笔字能力。大黑板跟小黑板不一样，小黑板你可以把字写得特别好看，但是大黑板就得把字写整齐了，因为大黑板容易把字写斜了，因为身高的问题吧，所以就必须拿时间来练。有的时候用小黑板就是为了练习字怎么写好看或者整体怎么分布，大黑板的话就得看格式、板书该怎么分布。我每次去那练习就抄我们那个专业的概念，还有例题，正好就把上一节课学的专业课也复习了。

I09：学生会的就业部，我认为进入这个部门能够提前了解一些就业的形式和就业信息，掌握这些信息对自己也有帮助。会整理一些就业信息资料，会认识一些学长学姐，也会打电话进行回访，更加了解了一些就业的相关信息。

D04：以后的目标是做一名大学老师。我觉得首先应该是知识理论的积累，然后顺便锻炼自己的能力，这些准备我都在做。学习以及考证，都是一些比较基础的准备，如去年考取的与本专业有关的心理咨询师的资格证，是最基础的二级心理咨询师。我觉得在我们学校实习或者在机构实习都是可以的，我想通过这个实习提升一下自己。我觉得主要是锻炼自己站在讲台上能说出相关的东西，有丰厚的知识涵养，锻炼讲课的技巧，使学生理解并掌握知识点，这些都很重要。

E05：参加过学校举行的就业讲座，感觉就业不是自己想象的那么容易的，很多专业课都是为了以后打基础、做准备，比如说需要考取相关的教师资格证。教师的沟通技能方面，要学会以后怎么样和家长沟通；和学生交流方面还需要学习很多；为人处事方面，不是想的那么简单的，现在可能觉得孩子都是比较可爱的，但是真正到了那个时候很怕孩子会哭或者家长不讲理，以后具体如何也不确定。

（2）积极主动提高能力

访谈对象表示，无论是专业能力，还是就业能力，都需要积极主动地提升，这样才能更有把握地获得求职成功。

A01：我没有放松过，始终严格要求自己，努力提升自己各方面的能力，为能够找到一份满意的工作，时刻督促自己一定要努力，不断提升自身就业能力。

I09：有时想要调节一下自己，但一想父母的不容易，还是要努力地学习和提升自己，才感觉不辜负父母。

H08：其实我在大一的时候也考虑过出国这件事情，后来也是因为钱的原因，家里支付不起出国的费用，我打断了这个念头。但是我还是努力地提升英语水平和能力，我的绩点已经达到了这个要求。还有就是雅思、托福的成绩，雅思我从大二上半年开始准备，到现在还可以，但是我现在还没有去考，因为我知道考试费用两千多，我怕考得不好，所以再等半年多，能考就考，也是一个含金量比较高的证书。我寻思着出国出不了就不出了，还是差这个钱，当然我也考虑读更好的学校，也想过这条路。

E05：考研的话就是拼自己的学历嘛，因为得到的不仅是学历，对于我自身来说，一些能力还有视野以及其他方面，我觉得都能很好地提升，所以考虑的是考研。我认为不管是就业的环境还是国家大的政策上的改观，学历都可以说是个硬件，所以还是想把学位提升一下，再进入到求职的岗位中。但是也不能说只关注考研院校的信息，因为无论学历再高，最后也是为了自己以后的就业考虑，所以也要关注就业的政策以及一些形式，比如说选择方向的市场、发展的变化趋势。

B02：从大一就开始做兼职，也是多方面考虑吧，因为一方面可以提升自己的学习能力，以后可以从事这一些行业，另一方面也可以减轻家里的负担。

C03：我会有意识地去提升或者锻炼就业能力，就比如说要学粉笔字，然后我家也有粉笔板，平常会练一下字，有的时候会看一些别的老师的讲课视频。因为我的教师资格证明年再考一科，就要面试，现在会看一些教师资格证面试的视频，学习一些别的老师讲课的经验，然后积累一下。

F06：我觉得应该主动去提升一点能力，会有意识地去做这个事儿，然后有主动的一个状态，再积累提升。在学习过程中，我有意识地提升自己各方面的能力，比如我在为人处世上可能会薄弱一些，后来我做班委，加入学生会，感觉自己会有一些提升。我一开始是学研部的部员，主要负责查课、写黑板字这一类的，后来进了党务部，负责入党的一些事宜。这两段工作还是不太一样的，第一段主要是沟通老师和同学之间，课堂纪律这一方面可能自己会做得更好；第二段主要是处理文件，这方面可能更多的是意志上的提升。

4.3.3.4 要强的性格

通过访谈对象的表述可以看出，要强的性格是使他们坚持努力、不断进步的动力。他们表示，只有要强的性格才有不向命运低头的勇气和坚持下来的决心。

（1）不愿认输

不愿认输是指低收入家庭大学生不服输的学习和求职动力，促使他们积极地面对困难，勇敢地面对挑战，实现学业和求职目标。

H08：无论生活如何对待我，我始终都会认真地对待生活，我就是有不愿认输的性格，这也是一直支撑我到现在的动力来源。

A01：我觉得我的性格就是打不败的那种性格，更不愿意认输，我是从来都不会放弃的那种人，无论如何我都要坚持下来，再大的挫折我也要坚持走这条路。当时我读他的书的时候，我感觉这个人跟我好像，那是他的一个自传，他的家在农村，这个跟我也很像，我就觉得，兴许我可以走一走他的路，只不过可能没有他走得那么完美，但是事情就是人为的，机遇什么的，谁也不知道。就像美国的那个片子，《阿甘正传》，说人生就像一盒巧克力，谁也不知道下一块是什么。

C03：可能经历时也考虑过这些，但是我不允许我自己有放弃的想法，脑子里强制地要求自己努力达到自己的目标，但是自己也或多或少有过放弃的想法，但是只是一小阵儿。

（2）为自己争气

访谈对象表示自己一定要尽全力，有求学的机会很难得，一定要争气，希望能够通过自己的努力，找到一份满意的工作，改变家庭的经济状况。

Q17：一定要争口气，努力地学习，找一份好工作，可以让家人过好一点的生活。

P16：我就是觉得一定要争气，后来找到一个稳定的工作，一直在长期合作。我的成绩就是每一次试课，从来没有试课失败的，那个校长也是因为这个事情才破格录取我的。因为合作的是比较大型的培训机构，所以不愿意用还没有毕业的大学生，当时我读大一，工资非常低，一个月才1200，一天工作四个半小时。当时对于我来说已经很满意了，当时我妈妈说她一个月才挣1500，之前也有一个稳定的，但是比这个挣得少一点，我妈在超市卖牛奶，老板规定不能坐着，每天就得站着，腿上面全都是静脉曲张的血管。当时就想分担一下家里的经济负担，我就去应聘了。

B02：我想一定要争口气，努力改变和提升自己，我会反思和自责。有一次，我碰巧读了一个自传，也是一个像俞敏洪一样的人，我觉得他的生活评价就是这样的，他每天都会在日记中写了自己犯了什么错误，甚至骂自己，对自己的要求达到了苛刻的地步。当时我对自己的要求跟他有点相似，但是没有他这么狠，我要求自己每天或者每隔几天反省自己，吾日三省吾身，还有自己做了哪些事情，哪些是有用的，哪些是没有用的，哪些是下次这个时间段不应该再做的，哪些是以后可以学习的，坚持好习惯，去除坏习惯，然后才能继续走下去。

C03：家庭原因，我从小必须让自己自立自强。可能是家庭比较特殊，从小我就好好学习，努力学习，变得优秀，从而回报家人和爷爷奶奶，这需要我付出更多努力。为自己早做打算，希望能让家人过上更好的生活，要一直往前。

4.3.3.5 乐观的生活态度

乐观的生活态度对低收入家庭大学生而言不仅仅对求职就业非常重要，积极的心理特质对整个人生的发展也至关重要。

（1）乐观的心态

乐观的心态是指低收入家庭大学生在面对求职困境或者生活困难时，始终保持积极的乐观心态。乐观的心态使他们始终能够保持积极向上的情绪状态，以提升自己能力为关注点，积极地面对就业问题，而不是逃避和退缩。

N14：总的来说，我还是很乐观地面对生活的，即使有这样那样的困难，但我相信这一切都是可以克服的。无论是就业还是生活，我相信只要保持乐观积极的心态，一定会有不错的结果。

K11：我就是一个很乐观的人，也很有责任心，最主要的是有一颗包容的心去接受这些外在所有的事情。无论先读研再工作，还是直接工作，都是想要为自己某得一份更好的工作岗位，不仅可以满足物质上的需要，也可以有更多的能力来支持家庭。而且如果你一直喜欢这份职业，那么你从事这份职业就能带给你成就感。

J10：始终保持乐观的心态吧，去应对困难。我觉得我的家庭是在一步一步稳定地变好的，这个变好可能每天都在前进一点儿。我刚才说过就我家人而言我压力最大，真的感觉到一点点都在变好，翻天覆地的变化我感觉不会有，但是爷爷奶奶的幸福感真的有一步步提升。

（2）乐观地应对就业困难

乐观地应对就业困难是指低收入家庭大学生以乐观的应对方式解决就业上的难题。访谈对象表示，在面对生活或学业上的困难时，调整自己心态很重要，让自己从另外一个视角思考问题，让自己保持乐观和积极的状态，将就业问题细化后再逐个击破，就业困难也会迎刃而解。

A01：调整自己的心理状态很重要，以积极乐观的心态面对就业，重新分析自己的优势和劣势，会发现其实困难也没有想得那么难解决。

4.4　新时期低收入家庭大学生就业能力影响机制的模型构建

4.4.1　低收入家庭大学生就业能力影响因素模型

根据质性研究的类属分析可以看出，影响新时低收入家庭大学生就业能力的影响因素涉及许多方面，不仅有来自学校及社会就业环境的支持，也有来自低收入家庭大学生自身以及周围家人、朋友的鼓励和情感支持。

研究者通过梳理低收入家庭大学生就业能力的影响因素，将其分为外部因素和内部因素两个方面。

质性研究的分析不是各种材料的简单堆砌，而是将材料进行理论构建，从实际出发合理分析材料并赋予其意义。前期的理论研究是为后续研究建立理论基础，质性研究主要是通过对大量访谈材料的转录分析，建立访谈资料中的理论框架。

在分析质性研究时，研究者一直保持从下至上的顺序，针对访谈材料对其进行研究和分析。研究者根据资料的核心关键词，依据理论探究其背后的内在含义，并将其建立联系，梳理精准脱贫后低收入家庭大学生就业能力的影响因素，见图4-2。

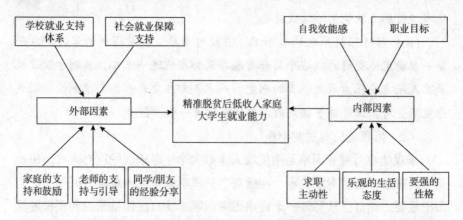

图4-2　低收入家庭大学生就业能力影响因素模型

4.4.2　低收入家庭大学生就业能力的生涯社会支持系统模型

研究者对已归纳出的外在影响因素概念类属经过分析以后确定"生涯社会支持"为核心类属。生涯社会支持能够将精准脱贫后低收入家庭大学生就业能力的外在影响因素研究结果囊括在一个比较宽泛的理论范围之内。因此，研究者将从"支持来源、支持性质、支持环境、支持内容"四个方面建立精准脱贫后低收入家庭大学生就业能力的生涯社会支持系统模型，见图4-3。

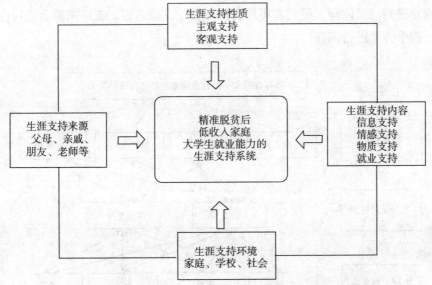

图4-3　低收入家庭大学生就业能力的生涯社会支持系统模型

由图4-3可知，新时期低收入家庭大学生生涯社会支持处于外在影响因素的核心地位，从生涯社会支持的来源、性质、环境、内容四个维度进行分析。支持来源主要有父母、亲戚、老师、朋友等；支持环境主要包括家庭、学校和社会；支持内容主要指各生涯支持的主体对低收入家庭大学生就业能力的情感支持（鼓励、关心、尊重等）、物质支持（资助、金钱等）、信息支持（就业信息、就业建议、招聘资讯）、就业支持（就业帮扶、就业指导、就业课程）；支持性质主要包括低收入家庭大学生的主观感知以及客观接受各支持主体的帮助，它们共同作用于低收入家庭大学生的就业能力提升。

4.4.3 低收入家庭大学生就业能力的生涯社会支持系统模型分析框架

低收入家庭大学生就业能力的生涯社会支持系统模型中各种因素相互作用，低收入家庭大学生在主观上对支持主体所提供的支持内容存在不同的感知，同时在客观上接受来自父母、老师、朋友等提供的情感支持、信息支持、物质支持、就业支持等，见如图4-4。

通过对低收入家庭大学生就业能力的生涯社会支持关系进行资料搜集与整理，提取资料中突出的、出现频次最高的现象，类属分析理论对这些现象进行意义阐释，研究者将从支持环境、支持内容、支持来源、支持性质四个方面进行阐释。

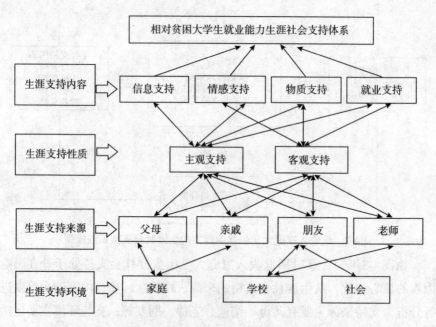

图4-4 低收入家庭大学生就业能力的生涯社会支持关系分析框架

5 新时期低收入家庭大学生就业能力的
问卷调查及分析

5.1 影响新时期低收入家庭大学生就业能力的变量梳理

5.1.1 职业决策自我效能感的研究

5.1.1.1 职业决策自我效能感

Taylor 和 Betz（1983）首次提出职业决策自我效能感的概念，认为在职业决策的整个过程中，职业决策自我效能感是个体对自身有效进行职业决策的能力的信念。[①]具体体现在职业决策过程中对自我评价、获取与职业相关信息、目标选择、职业规划和解决问题方面的信念。

在职业决策自我效能感的构成中，自我评价是指对职业兴趣、价值观等自身属性方面的主观评价；收集信息是指个体了解和搜集职业相关信息；目标选择指个体结合自身特点选择职业目标的行为；职业规划是指结合自身的职业目标、个人能力等方面情况制定任务、行动步骤、学习技能等；问题解决是指对职业决策过程中遇到的困难进行问题解决方案的设计及实施。Taylor 和 Betz 对职业决策自我效能感的界定是学界普遍认同的界定，本研究也采用Taylor 和 Betz的界定。

---

① Taylor K M, Betz N E. Applications of self-efficacy theory to the understanding and treatment of career indecision [J]. Journal of Vocational Behavior, 1983（22）: 63-68.

5.1.1.2 职业决策自我效能感的测量

Taylor 和 Betz编制了职业决策自我效能感量表（CDMSE），该量表由五个维度构成，包括自我评价、收集与职业有关的信息、确定职业目标、制订行动计划和问题解决，每个维度包含 10 道题目，所得分数越高，信心程度越强。Betz 和Taylor 后来又对该量表进行了修正，提出了缩减版问卷（CDMSE-SF）。修改后的问卷结构与原来相同，共 25 道题，采用五点计分。

我国学者彭永新、龙立荣（2001）对 Taylor 和 Betz的职业决策自我效能感量表进行了修订。[①]修订的量表以大学生为研究对象，共 39 个项目，五个维度，计分方式为五点计分，修订后的量表具备良好的信效度且符合我国基本国情。本研究的研究对象是中国大学生，因此，在研究中采用彭永新和龙立荣编制的量表进行测量。

5.1.1.3 职业决策自我效能感的分析

研究者对大学生职业决策自我效能感的分析多是从影响因素的角度进行探讨，有研究者关注个体的人口学变量对职业决策自我效能感的影响，也有研究者关注外在因素，如家庭和学校环境对职业决策自我效能感的影响。研究发现，在性别上职业决策自我效能感存在显著差异，女大学生与男大学生相比在面对困难与解决问题的勇气方面相对较差；专业及是否独生子女这两个变量在职业决策自我效能感上没有显著性差异。[②]

还有研究通过调查发现，大学生积极的主动型人格对职业决策自我效能的影响显著。[③]还有研究者关注家庭因素对职业决策自我效能感的影响，研究显示家庭中成员对大学生的职业决策自我效能感有显著影响；[④]

---

① 彭永新, 龙立荣. 大学生职业决策自我效能测评的研究[J]. 应用心理学, 2001(2): 38-43.

② 李晶, 辛呈凤, 俞国良. 大学生职业决策自我效能的元分析[J]. 应用心理学, 2016, 22(01): 48-57.

③ Kim H S, Park I J. Influence of Proactive Personality on Career Self-efficacy[J]. Journal of EmploymentCounseling, 2017(4): 168-182.

④ Brown C, George-Curran R, Smith M L. The role of emotional intelligence in the career commitment and decision-making process[J]. Journal of Career Assessment, 2003(4): 379-392.

家庭和老师对大学生的职业决策自我效能感有显著影响;①关于中国大学生的研究发现，父母的情感温暖和以知识文化为导向的家庭环境，对大学生职业决策困难方面存在显著的调节作用。②可见，家庭因素在大学生职业决策自我效能感方面的影响是很重要的，通过家庭氛围等方面的调整可以提升大学生的职业决策自我效能感。

也有研究者关注学校对大学生职业决策自我效能感的影响，研究发现学校的职业指导或就业课程对大学生职业决策自我效能感的影响显著。③学校通过开设就业指导等课程帮助大学生充分了解自我、认知职业，进而提升职业决策的能力，顺利地求职就业。研究者通过调查发现，大学生感知的来自家长、朋友及老师方面的社会支持对职业目标的明确及职业参与行为等存在正向预测作用。

5.1.2 职业目标的研究

5.1.2.1 职业目标

美国的研究者洛克于1967年提出目标设置理论，认为目标本身具有激励作用，能把人的需要转变为动机，驱使人们的行为向着一定的方向努力，并将自己的行为与设置的目标对照，及时进行行为的调整和修正，从而保证可以实现目标。研究者表示职业目标清晰是指求职者有清晰的求职目标以及对想要从事什么工作有清晰的想法，还有研究证实了求职目标清晰度与求职行为之间有正相关关系。④

社会认知职业生涯理论认为，自我效能、结果预期和个体目标三者

① Bright J E H, et al. The Role of Social Context and Serendipitous Events in Career Decision Making [J]. International Journal for Educational and Vocational Guidance, 2005(5): 19-36.

② Hou C N, Wu L, Liu Z J. Parental Emotional Warmth and Career Decision-Making Difficulties: A Model of Intellectual-Cultural Orientation and Conscientiousness [J]. Social Behavior and Personality, 2013(8): 1387-1397.

③ 章倩, 陈学军. 学校支持感、心理资本对职业决策困难的影响分析 [C]. 第十二届全国心理学学术大会论文摘要集, 2009.

④ Wanberg R C, Hough L M, Song Z. Predictive validity of a multidisciplinary model of reemployment success [J]. Journal of Applied Psychology, 2002(87): 1100-1120.

之间的相互作用，影响了个体在整个职业生涯的发展过程，包括个体的求职、择业和职业发展过程。[1]其中，个体目标指个人从事特定活动或取得一定结果的目标。[2]社会认知职业生涯理论的职业选择模型中，将职业选择过程分成职业目标、求职行动、行为结果三个基本过程。理论强调职业目标设置的重要性，指个体对实施某种行为以及达成某种结果而设置目标的估量。与求职活动相关的自我效能感会对求职行为产生重要的影响，与自我效能感一致的求职目标会提高求职活动的发生频次。

求职行为是以职业目标的确定为出发点，并为职业目标努力的主观意愿驱动行为的过程。[3]研究表示个体从事求职行为的前提是需要确定一个明确的职业目标。[4]还有研究者表示职业目标越清晰，则个体越努力实现目标。[5]求职目标是指人们为获得有回报和满意的工作而设定的期望水平，而不是仅仅满足于任何可能的工作（Rich & Delgado，2010）。而求职结果期待是人们期望通过搜索行为获得的结果（Saks& Ashforth，1999）。

成就目标理论认为学生将不同类型的目标带入课堂，如掌握和表现课程内容的目标。追求掌握目标的学生希望培养学术能力，而追求表现目标的学生希望向他人展示自己能力的提升。本研究基于研究对象的特殊性，低收入家庭大学生群体的职业目标测量采用研究者应用比较广泛的界定，大学生的职业目标指对未来从事职业岗位及职业发展方向的设定，对自身具有激励作用，驱使自己的行为向着目标的方向努力，并实现目标。

5.1.2.2 职业目标的测量

研究者Stumpf、Colarelli和Hartman（1983）编制了求职目标清晰度量

① Lent R W, Brown S D, Hacket T G. Toward a unifying social cognitive theory of career and academic interest, choice and performance [J]. Journal of Vocational Behavior, 1994 (45): 79-122.

② 高山川, 孙时进. 社会认知职业理论: 研究进展及应用 [J]. 心理科学, 2005 (28): 1671-6981.

③ Kanfer R, Wanberg C R, Kantrowitz T M. Job search and employment: A personality-motivational analysis and meta-analytic review [J]. Journal of Applied Psychology, 2001, 86 (5): 837-855.

④ Locke E A, Latham G P. Work motivation and satisfaction: Light at the end of the tunnel [J]. Psychological Science, 1990, 1 (4): 240-246.

⑤ Coffte S, Saks A M, Zikic J. Trait affect and job search outcomes [J]. Journal of Vocational Behavior, 2006 (68): 233-252.

表，由4个题目构成，如"我对我想从事的工作类型很明确""我需要别人帮助，才能进行职业规划的改变"等，采用五点计分，分数越高代表个人求职目标清晰度越高。[①]还有研究者Coffte、Saks和Zikic（2006）开发了3个题目来测量求职目标清晰度。本研究采用Mu在1998年编制的职业目标量表，共6个题目：①我对未来有一个清晰的目标；②我知道在职业或职业方面想做什么；③我相信我的职业目标是现实的；④我相信我能实现我的职业目标；⑤我清楚我需要采取哪些步骤来实现我的职业目标；⑥我正在采取必要的步骤来实现我的职业目标。量表采用5点计分，高分代表更多的职业目标设置。

5.1.2.3 职业目标的分析

研究者通过调查发现，明确自我求职目标的被试只占20%多，其他被试大多表示求职目标比较模糊，还有大部分的被试表示根本没考虑过未来的职业发展目标。研究还表明，对于大学生而言，大约70%的毕业生毕业就将面对就业。[②]而导致大多数毕业生毕业就失业的主要原因之一就是，他们在大学期间没有明确的职业目标，根本不知道自己要干什么职业、职业发展方向是什么，甚至不去思考这些与职业相关的问题。研究者表示，职业目标的确立有助于大学生清晰地了解自己的职业发展方向，根据自身的各方面因素，选择适合自己的职业。[③]

求职目标可以促进个体表现出更多的求职行为的重要因素，高目标清晰度的个体可能有更强的求职意向，并更努力地采取行动，从而表现出更多的求职行为。[④]研究表明，职业目标的确定对于运动员职业生涯的发展

---

① Stumpf S A, Colarelli S M, Hartman K. Development of the career exploration survey (CES) [J]. Journal of Vocational Behavior, 1983, 22 (2): 191-226.

② 聂静, 宇宙锋. 论职业目标明确的重要性 [J]. 辽宁经济管理干部学院（辽宁经济职业技术学院）学报, 2010 (8): 93-94.

③ 顾雪英. 当代大学生职业生涯规划 [M]. 北京: 高等教育出版社, 2011: 30-31.

④ Wanberg R C, Hough L M, Song Z. Predictive validity of a multidisciplinary model of reemployment success [J]. Journal of Applied Psychology, 2002 (12): 1100-1120.

至关重要，设定明确的职业目标的运动员对于成绩的取得更有动力。[1]研究者表示，职业目标的明确不仅有利于大学生运动员实现职业发展，而且更有利于取得职业成就。[2]

社会认知职业生涯理论强调个人和行为因素（自我效能感、社会支持、职业目标），这些因素被认为有利于个体的职业发展。[3]社会认知职业生涯理论被广泛应用在解释大学生学业目标、职业兴趣和职业目标的理论模型框架中进行研究。还有研究者应用社会认知职业生涯理论，对台湾大学运动员的职业决策自我效能感与职业目标的预测作用进行研究，结果表明职业决策自我效能感对职业目标有正向预测作用。

5.1.3　生涯社会支持的研究

5.1.3.1　生涯社会支持

社会支持通常是指来自社会各方面包括父母、亲戚、朋友等给予精神和物质上的帮助和支持。侯志瑾（2010）认为生涯发展在某些方面有其特殊性，所以她首次提出生涯社会支持的定义，认为在生涯发展中所需要的支持有别于一般领域的社会支持，有该领域的独特性和针对性。她界定的生涯社会支持指周围重要他人、社会对个体在生涯发展方面所提供的支持，包括物质支持、建议支持、情感支持、信息支持等。[4]

5.1.3.2　生涯社会支持的测量

法国社会学家的研究发现社会关系网对自杀有重要影响。在职业生涯

① Haslerig S J, Navarro K M. Aligning athletes' career choices and graduate degree pathways: Implications for 21st-century career development professionals [J]. Journal of Career Development, 2016 (43)：211-226.

② Chan C C. The relationship among social support, career beliefs, career self-efficacy, and career development of college athletes (Unpublished doctoral dissertation)[M]. Taipei: National Taiwan Normal University, 2013.

③ Lent R W, Brown S D, Hackett G. Toward a unified social cognitive theory of career and academic interest, choice, and performance [J]. Journal of Vocational Behavior, 1994 (45)：79-122.

④ 侯志瑾. 大学生生涯社会支持量表的编制 [J]. 中国临床心理学杂志, 2010 (8)：1005-3611.

发展领域中，学者也探讨应该有用来描述来自家庭、学校等方面的生涯支持概念。

社会支持的研究主要使用的问卷有肖水源（1986）编制的社会支持量表，包括三个维度，分别是客观支持、主观支持和对支持的利用度；还有领悟社会支持量表，主要测量个体从不同的社会支持处所感受到的支持程度以及总的支持程度。

侯志瑾于2010年提出生涯社会支持的定义并编制了"大学生涯社会支持量表"，共20题，采用5点计分，1表示几乎没有，5表示特别多。量表包括物质支持、情感支持、建议支持、信息支持四个维度；包括五个来源，分别是父母、兄弟姐妹、老师、朋友、亲戚，该量表各维度的信度系数在0.72~0.93之间，具有较好的信效度。

5.1.3.3 生涯社会支持的分析

关于大学生社会支持的研究相对比较多，研究者发现，大学生的社会支持与职业同一性呈显著正相关[1]，相同的研究结果也发现大学生的社会支持会影响自我同一性的发展，[2]大学生的主观社会支持对职业同一性有显著的正向预测作用。[3]有关大学生生涯社会支持的研究多关注于对他们生涯社会支持现状的调查研究，如支持类型、支持来源等方面，还有关于生涯社会支持与其他生涯变量之间的关系探究。研究发现，生涯社会支持与其职业成熟度和职业决策自我效能感呈正相关关系。生涯社会支持与核心自我评价呈显著正相关关系，特别是来源情感支持、来自父母、同学、朋友支持的正向预测作用显著。[4]还有研究表明，来自朋友的社会支持对

① 赵谦. 大学生非理性信念及其与社会支持、自我同一性的关系[C]. 第十二届全国心理学学术大会论文摘要集, 2009.

② 阎国良. 大学生社会支持及其与自我同一性的关系[J]. 吉林省教育学院学报（上旬），2013（2）: 55-58.

③ 蔡妍. 大学生职业同一性与社会支持、一般自我效能感的关系研究[D]. 武汉: 湖北大学, 2013.

④ 吴晓燕. 大学生生涯社会支持、核心自我评价与职业决策困难的关系研究[D]. 南京: 南京师范大学, 2015.

职业同一性的发展有显著影响。[①]

研究者发现大学生核心自我评价在社会支持和主观幸福感之间有中介作用。[②]还有研究者进一步探究了核心自我评价和应对风格在社会支持与个体幸福感之间的中介效应，研究结果发现，高水平的社会支持可以提高自我评价水平，进而提高幸福感。[③]相同的研究结果也表明，大学生职业社会支持会通过核心自我评价影响其生活满意度。[④]

围绕生涯社会支持的研究多集中在获得生涯支持的类型或支持来源等方面，研究者发现青年在获得生涯社会支持中来自父母、朋友及老师的支持是主要的支持来源。[⑤]还有研究者以低收入家庭大学生为研究对象，发现低收入家庭大学生感知到的支持来源最多的是父母方面，获得最多的支持是物质和情感支持，来自朋友方面的信息和建议支持也很重要，但亲戚的支持来源较少。研究者发现，生涯社会支持与择业效能、职业成熟度呈正相关关系。

5.1.3.4 就业能力的影响机制模型假设

已有研究发现外在环境的支持对职业目标与职业行为有调节作用，对高校毕业生从事求职行为具有实践上的指导意义。[⑥]社会认知职业理论认为，个体会为自己设立职业目标，进而采取职业行动以实现目标，当前的环境因素会对职业选择目标、职业行动这一过程产生影响。在求职行为产生的过程中，个体的职业目标明确性可能受环境支持或环境阻碍的作用，

① Meeus, Wim. Occupational identity development, school performance, and social support in adolescence [J]. Adolescence, 1993, 28 (112): 809.

② 杨晓峰. 大学生社会支持、核心自我评价与主观幸福感的关系研究 [J]. 中国特殊教育, 2009 (12): 83-89.

③ Liu W, Li Z, Ling Y, Cai T. Core self-evaluations and coping styles as mediators between social support and well-being [J]. Personality & Individual Differences, 2016 (88): 35-39.

④ Jiang Z, Wang Z, Jing X, et al. Coreself-evaluation: linking career social support to life satisfaction [J]. Personality and Individual Differences, 2017 (112): 128-135.

⑤ 李妍鑫. 青年期自我同一性、生涯社会支持对职业成熟度的影响研究 [D]. 西安: 陕西师范大学, 2012.

⑥ 刘琛琳, 张博坚. 未来工作自我、求职目标清晰度与求职行为: 环境支持与环境阻碍的调节作用 [J]. 中国人力资源开发, 2017 (9): 58-69.

并共同影响就业能力。此外，环境支持、环境阻碍这两个边界条件可能会对自我效能感、职业目标、就业能力这一过程产生影响。因此，本研究引入生涯社会支持变量来阐述对就业能力产生影响的过程机制。

由此可见，基于社会认知职业生涯理论的职业决策自我效能感和职业目标在就业能力的影响机制中有链式作用。鉴于此，本研究的主要目的在于：①讨生涯社会支持对就业能力的影响机制；②讨论职业决策自我效能感、职业目标在生涯社会支持和就业能力之间是否起到了中介作用，见图5-1。

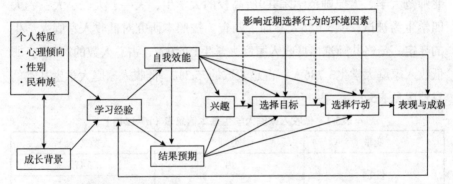

图5-1　社会认知职业生涯理论模型（Lent, Brown，& Hackett, 1994）

拟通过 SCCT 的理论模型建构，论述生涯社会支持、职业决策自我效能感、职业目标以及就业能力四个变量之间的关系。因此，本研究拟基于社会认知职业生涯理论提供的就业能力形成的路径构建，探讨低收入家庭大学生的核心认知变量自我效能如何影响选择目标，并最终影响到就业能力的整个链条环节，并且探讨在这个过程中外在环境对就业能力是否起到影响，以期验证及回应相关理论，见图5-2。

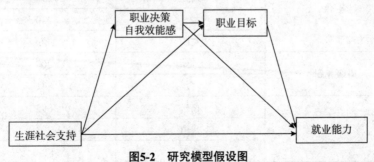

图5-2　研究模型假设图

5.2 新时期低收入家庭大学生就业能力的现状调查

5.2.1. 样本基本情况

本研究采用方便抽样原则，在吉林省、北京市、内蒙古自治区、辽宁省、山西省分别选取高校包括北京联合大学、内蒙古农业大学、吉林师范大学、太原理工大学、沈阳理工大学、长春师范大学、吉林农业大学、东北师范大学、太原师范学院共9所高校的大学生，大一、大二、大三、大四学生为被试，共5 026人参加了调查。按照本研究对低收入家庭大学生的界定，最终共筛选出低收入家庭大学生1 240人，占总人数的24.7%；非低收入家庭大学生3 786人，占总人数的75.3%。低收入家庭大学生基本信息情况见表5-1。

表5-1 低收入家庭大学生基本信息表（n=1240）

变量	类别	人数（人）
性别	男	347
	女	893
专业	文史	790
	理工	263
	艺术体育	40
	经管	83
	其他	64
年级	大一	528
	大二	396
	大三	230
	大四	86
班级干部	是	409
	否	831
家庭居住地	农村	892
	城镇	203
	城市	1240

由图5-3可以看出，不同地域（城市、县镇、农村）之间低收入家庭大学生性别（男、女）的分布情况。

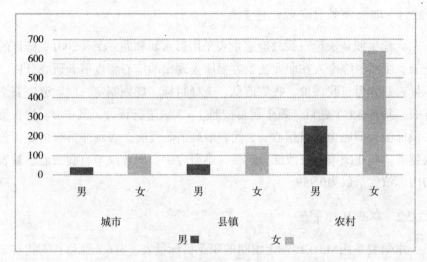

图5-3 不同地域低收入家庭大学生人数分布图

由图5-4可以看出，不同专业（理工类、文史类、艺术体育类、经管类及其他）的低收入家庭大学生与非低收入家庭大学生的分布情况。

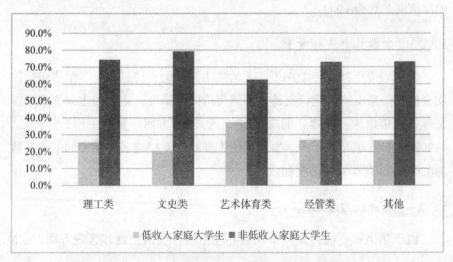

图5-4 不同专业低收入家庭大学生百分比分布图

5.2.2 研究工具的选取

5.2.2.1 职业决策自我效能感量表

大学生职业决策自我效能感量表采用彭永新和龙立荣（2001）修订的量表，主要围绕个人在职业决策方面所表现出的信心程度展开研究分析。本量表共分为自我评价、收集信息、选择目标、规划制定、问题解决五个方面，共有 39 个题目，每个题目按照 1～5 级进行评分，其中，1 代表信心最低值，即完全没有信心；5 代表最高信心程度，表示非常有信心，分数越高，职业决策自我效能感越强。本研究中，职业决策自我效能感量表的内部信度系数为0.989。

5.2.2.2 职业目标量表

本研究采用Mu在1998年编制的职业目标量表，共6个题目：①我对未来有一个清晰的目标；②我知道在职业或职业方面想做什么；③我相信我的职业目标是现实的；④我相信我能实现我的职业目标；⑤我清楚我需要采取哪些步骤来实现我的职业目标；⑥我正在采取必要的步骤来实现我的职业目标。量表采用5点计分，高分代表更多的职业目标设置。本研究的内部信度系数为0.942。

5.2.2.3 生涯社会支持量表

侯志瑾等于2010年编制了"大学生生涯社会支持量表"，量表包括物质支持、信息支持、建议支持、情感支持四个维度，主要的生涯支持来源父母、兄弟姐妹、老师、朋友/同学、亲戚5个方面。量表采用5点计分，共20题，得分越高表示大学生得到的生涯社会支持越多。量表的信度系数为0.980，具有较好的信度和效度。

5.2.2.4 就业能力量表

由于学生就业能力是一个社会心理结构，包括主观和客观方面。[①]本

---

① De Vos A, De Hauw S, Van der Heijden B I. Competency development and career success: the mediating role of employability. J. Vocat [J]. Behav, 2011(79): 438-447.

研究采用Pan等于2011年编制的学生就业能力量表，共四个维度，包括一般工作能力、专业工作能力、工作态度以及职业规划和信心，共18个题目。所有项目均采用5点计分，1 表示"完全不同意"，5 表示"完全同意"。[①]本研究的内部信度系数为0.977。

5.2.3 数据处理

本研究使用SPSS20.0和Mplus7.0数据处理软件对回收问卷进行数据录入和分析处理。首先对职业决策自我效能感、职业目标、生涯社会支持和就业能力量表进行信效度检验；其次，采用独立样本t检验、方差分析，探索人口统计学变量在各变量上的差异性；再次，进行相关分析，初步考察各变量之间的关系；最后，建立回归、中介模型，检验中介效应和链式中介效应。依据温忠麟和叶宝娟（2014）推荐的中介效应分析流程进行中介效应检验，并且采用SPSS20.0插件PROCESS来整理和分析数据。该程序基于偏差校正百分位Bootstrap法，对中介效应的95%置信区间进行估计。该程序从总体中随机抽取5 000个Bootstrap样本，获取参数估计的稳健标准误和Bootstrap置信区间，若置信区间不包含0，则表示结果具有统计显著性。本研究在控制了性别和是否是班级干部的条件下，通过5000次样本抽样估计中介效应95%置信区间的方法进行中介效应检验。

本研究所收集的数据都是在问卷星上同时作答，因此有可能存在影响研究结果效度的共同方法偏差的问题。另外，本研究从统计控制方面消除共同方法偏差可能会对研究产生影响（周浩，龙立荣，2004）。本研究采用Harman单因子检验法对可能存在的共同方法偏差进行检验。采用SPSS20.0对各问卷所有项目做探索性因素分析，采用主轴因子法对未旋转的因素进行分析，特征值大于1的公因子15个，且第一个公共因子的解释率为23%，远小于40%，表明本研究数据不存在严重的共同方法偏差问题。

---

① Pan Y J, Lee L S. Academic performance and perceived employability of graduate students in business and management-an analysis of nationwide graduate destination survey. Procedia Soc. Behav. Sci, 2011(25): 91-103.

5.3 新时期低收入家庭大学生就业能力影响机制分析

5.3.1 不同类型大学生在各变量上的差异

低收入家庭大学生与非低收入家庭大学生的就业能力、生涯社会支持、职业决策自我效能感和职业目标得分均表现差异显著。具体结果见表5-2。

表5-2 低收入家庭大学生与非低收入家庭大学生各变量的差异比较（n=5026）

变量	低收入家庭大学生 （1240） M ± SD	非低收入家庭大学生 （3786） M ± SD	t值
生涯社会支持	2.77±0.74	2.99±0.77	−8.568
职业决策自我效能感	3.38±0.57	3.47±0.59	−3.386*
职业目标	3.55±0.82	3.65±0.84	−3.845*
就业能力	3.50±0.72	3.60±0.75	−3.515

注：$^*p<0.05$，$^{**}p<0.01$

由图5-5可以看出，低收入家庭大学生与非低收入家庭大学生在生涯社会支持、职业决策自我效能感、职业目标和就业能力四个不同变量上的整体表现。

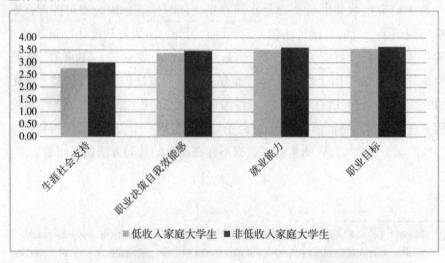

图5-5 低收入家庭大学生与非低收入家庭大学生在不同变量上的表现情况

由图5-6可以看出，不同年级的低收入家庭大学生在生涯社会支持、职业决策自我效能感、职业目标和就业能力四个不同变量上的整体表现。

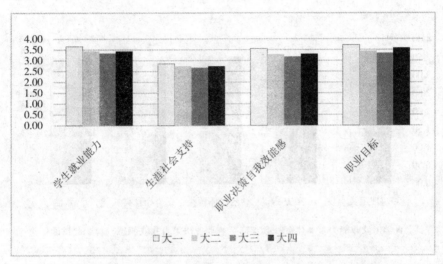

图5-6 不同年级低收入家庭大学生在不同变量上的表现情况

由图5-7可以看出，不同家庭所在地的低收入家庭大学生在生涯社会支持、职业决策自我效能感、职业目标和就业能力四个不同变量上的整体表现。

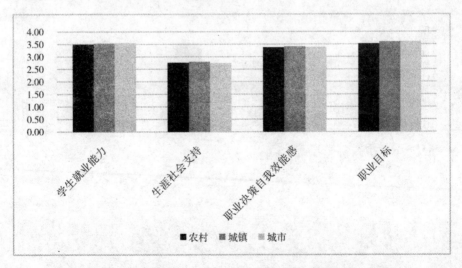

图5-7 不同家庭所在地的低收入家庭大学生在不同变量上的表现情况

由图5-8可以看出，不同专业的低收入家庭大学生在生涯社会支持、职业决策自我效能感、职业目标和就业能力四个不同变量上的整体表现。

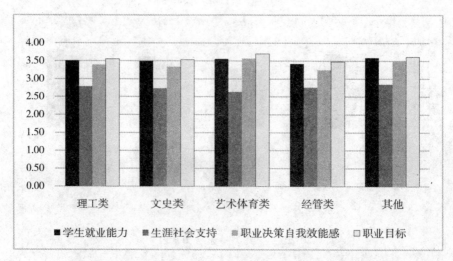

图5-8　不同专业的低收入家庭大学生在不同变量上的表现情况

由图5-9可以看出，不同性别的低收入家庭大学生在生涯社会支持、职业决策自我效能感、职业目标和就业能力四个不同变量上的表现情况。

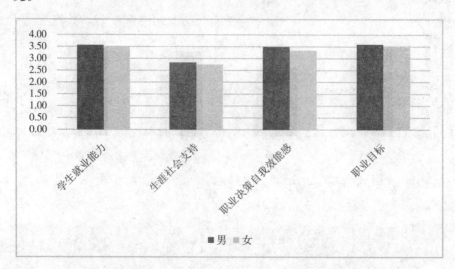

图5-9　不同性别的低收入家庭大学生在各变量上的表现情况

5.3.2　低收入家庭大学生各变量描述性统计之间的相关分析

结果显示，关键变量两两之间均存在显著的正相关关系。具体而言，生涯社会支持分别与职业决策自我效能感、职业目标和就业能力存在显著正相关（$r=0.43$，$p<0.01$；$r=0.38$，$p<0.01$；$r=0.34$，$p<0.01$）；职业决策自我效能感分别与职业目标和就业能力存在显著正相关（$r=0.80$，$p<0.01$；$r=0.77$，$p<0.01$）；职业目标与就业能力存在显著正相关（$r=0.85$，$p<0.01$）。具体见表5-10。

5.3.3　低收入家庭大学生职业决策自我效能感、职业目标在生涯社会支持与就业能力之间的链式中介效应验证

根据以上的相关分析结果可以看出，生涯社会支持与其他变量职业决策自我效能感、职业目标、就业能力之间相关关系显著。为进一步探讨生涯社会支持、职业决策自我效能感、职业目标和就业能力之间的关系，本研究以生涯社会支持为自变量，以职业决策自我效能感和职业目标为中介变量，以就业能力为因变量建立模型。各变量人口学差异结果表明，年龄、是否是班级干部、性别、是否为独生子女对就业能力有一定影响，因此将年龄、是否是班级干部、性别、是否为独生子女这四个变量作为控制变量纳入结构方程模型，根据温忠麟和叶宝娟（2014）推荐的中介作用分析流程中的依次检验法和Bootstrap法，通过5000次样本抽样估计中介作用95%置信区间的方法进行中介作用检验。

首先，依次检验（表5-11）的结果表明：生涯社会支持显著正向预测自我效能感（$b=0.40$，$p<0.01$）；职业决策自我效能感显著正向预测职业目标（$b=0.87$，$p<0.01$）；职业目标显著正向预测就业能力（$b=0.49$，$p<0.01$）；生涯社会支持显著正向预测就业能力（$b=0.03$，$p<0.05$）；职业决策自我效能感显著正向预测就业能力（$b=0.35$，$p<0.01$）。但是，生涯社会支持对职业目标的预测不显著。

表5-10 低收入家庭大学生各变量的相关分析（n=1240）

变量	M	SD	1	2	3	4	5	6	7	8	9	10	11
性别	1.72	0.45	1										
年龄	1.43	0.55	−.14	1									
年级	1.90	0.94	.03	.65**	1								
家庭所在地	1.40	0.69	.01	−.05	.02	1							
家庭月收入	1.69	0.72	−.10**	−.04	−.06*	.06*	1						
是否担任班级干部	1.67	0.47	.08**	−.12**	−.25**	−.15**	.02	1					
是否独生子女	1.68	0.47	.09**	.01	−.02	−.38**	−.05	.12**	1				
生涯社会支持	2.78	0.74	−.05	−.06*	−.08	.01	.04	−.028	.01	1			
职业决策自我效能感	3.39	0.72	−0.10**	−.13**	−.18**	.01	.04	−.09**	−.05	.43**	1		
职业目标	3.51	0.72	−.05	−.11**	−.15**	.03	−.01	−.11	−.08**	.38**	.80**	1	
就业能力	3.55	0.82	−.04	−.14**	−.14**	.04	.01	−.08**	−.08**	.34**	.77**	.85**	1

注：* $p<0.05$, ** $p<0.01$

表5-11 链式中介模型中变量关系的回归分析

因变量	自变量	偏回归系数				R	R^2	p
		b	SE	t	p			
职业决策自我效能感	生涯社会支持	.40	.02	16.55	.00	.48	.23	.00
	年龄	−.01	.04	−0.20	.84			
	年级	.13	.03	−5.04	.00			
	是否是班级干部	.18	.04	−4.49	.00			
	是否为独生子女	−.07	.04	−1.76	.08			
职业目标	生涯社会支持	.02	.02	0.49	.62	.88	.78	.00
	职业决策自我效能感	.87	.02	36.90	.00			
	年龄	−.05	.04	−0.97	.33			
	年级	.02	.02	0.59	.55			
	是否是班级干部	−.02	.03	−0.10	.91			
	是否为独生子女	−0.7	.03	−2.2	.03			
就业能力	生涯社会支持	.03	.01	2.34	.02	.88	.78	.00
	职业决策自我效能感	.35	.02	15.95	.00			
	职业目标	.49	.02	26.77	.00			
	年龄	−.05	.01	−2.30	.02			
	年级	.01	.01	0.45	.65			
	是否是班级干部	−.05	.02	−2.19	.03			
	是否为独生子女	−.02	.02	−1.17	.24			

注：*$p<0.05$，**$p<0.01$，***$p<0.001$

其次，对中介作用直接检验的结果（表5-12）表明，职业决策自我效能感和职业目标产生的总间接效应的Bootstrap 95%置信区间不包含0值，说明这两个中介变量在生涯社会支持和就业能力之间存在显著的中介作用。在细节的中介效应分析中，共有两条中介效应的Bootstrap 95%置信区间不包含0值，具体如下：

第一，由"生涯社会支持—职业决策自我效能感—就业能力"这一路径产生的间接效应1的置信区间不含有0值，表明该路径产生的间接效应显著。

第二，由"生涯社会支持—职业决策自我效能感—职业目标—就业能力"这一路径产生的间接效应2的置信区间不含0值，达到显著水平，说明职业决策自我效能感和职业目标在生涯社会支持和就业能力的关系中发挥了链式中介的作用。

表5-12　链式中介效应分析

路径		间接效应值	Bootstrap SE	Boot LLCI	Boot ULCI
总间接效应		0.320	0.025	0.270	0.369
间接效应路径1	生涯社会支持—职业决策自我效能感—就业能力	0.142	0.017	0.109	0.177
间接效应路径2	生涯社会支持—职业目标—就业能力	0.006	0.012	−0.018	0.028
间接效应路径3	生涯社会支持—职业决策自我效能感—职业目标—就业能力	0.173	0.017	0.140	0.206

注：$*p<0.05$，$**p<0.01$，$***p<0.001$

通过以上分析，各变量之间的关系如图5-10所示。

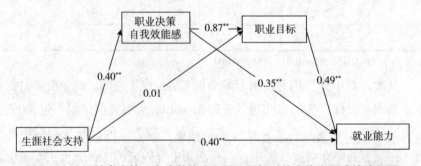

图5-10　生涯社会支持、自我效能感和职业目标对就业能力影响的路径图

5.4 新时期低收入家庭大学生就业能力影响机制结果讨论

5.4.1 不同类型大学生在职业决策自我效能感、职业目标、生涯社会支持与就业能力各变量上的差异

本研究结果显示，低收入家庭大学生与非低收入家庭大学生的就业能力表现出显著差异，低收入家庭大学生就业能力显著低于非低收入家庭大学生。低收入家庭大学生与非低收入家庭大学生在职业决策自我效能感上表现出显著差异，低收入家庭大学生职业决策自我效能感显著低于非低收入家庭大学生。低收入家庭大学生与非低收入家庭大学生在职业目标上表现出显著差异，低收入家庭大学生职业目标显著低于非低收入家庭大学生。低收入家庭大学生与非低收入家庭大学生在生涯社会支持上存在显著差异，低收入家庭大学生生涯社会支持显著低于非低收入家庭大学生。本研究的研究结论与已有研究关于低收入家庭大学生自我效能感相对非低收入家庭大学生较低结果相同，已有研究也表明低收入家庭大学生在职业目标上相对非低收入家庭大学生表现出较低的水平。

5.4.2 低收入家庭大学生职业决策自我效能感、职业目标、生涯社会支持与就业能力的相关关系

本研究结果发现，生涯社会支持、职业目标、职业决策自我效能感和就业能力变量两两之间均存在显著的正相关关系。具体而言，生涯社会支持分别与职业决策自我效能感、职业目标和就业能力存在显著正相关；职业决策自我效能感分别与职业目标和就业能力存在显著正相关；职业目标与就业能力存在显著正相关。本研究结果与已有研究结果相同，已有研究表明生涯社会支持与其职业成熟度和职业决策自我效能感呈正相关。而求职行为是以职业目标的确定为出发点，并为职业目标努力的主观意愿驱动行为的过程，而且当个体的职业目标越清晰，则个体越努力实现目标。

5.4.3 低收入家庭大学生职业决策自我效能感、职业目标在生涯社会支持与就业能力之间的链式中介效应

本研结果发现，生涯社会支持与其他变量职业决策自我效能感、职业目标、就业能力之间相关关系显著。为进一步探讨生涯社会支持、职业决策自我效能感、职业目标和就业能力之间的关系，本研究以生涯社会支持为自变量，以职业决策自我效能感和职业目标为中介变量，以就业能力为因变量建立模型。

结果表明，生涯社会支持显著正向预测自我效能感。职业决策自我效能感显著正向预测职业目标；职业目标显著正向预测就业能力；生涯社会支持显著正向预测就业能力；职业决策自我效能显著正向预测就业能力。但是，生涯社会支持对职业目标的预测不显著。本研究的结果与已有研究的结果相同，社会认知职业理论认为个体会为自己设立职业目标，进而采取职业行动以实现目标，当前的环境因素会对职业选择目标、职业行动这一过程产生影响。在求职行为产生的过程中，个体的职业目标明确性可能受环境支持或环境阻碍的作用，并共同影响就业能力。

6 新时期低收入家庭大学生就业能力的干预方案设计及研究

6.1 职业决策自我效能感干预方案设计依据

6.1.1 职业决策自我效能感的概念

职业决策自我效能感是在自我效能感理论的基础上，结合职业发展方面的研究提出的概念。自我效能感最早由Bandura提出，"个体对自己具有组织和执行达到特定成就的能力的信念"[①]。

Betz 和 Taylor将职业决策自我效能感界定为：个体对自身完成准确认知、收集职业信息、选择目标、制定规划、问题解决任务所需能力的信心水平，也就是个体对自己完成择业相关任务时，所需要具备能力的信心程度。[②]该定义被该领域的研究者普遍接受，本研究也采用这一界定。

6.1.2 职业决策自我效能感的干预研究

不同的学者在不同的理论指导下，对大学生的职业决策自我效能感的干预研究进行了多方的研究。根据班杜拉提出的自我效能理论，从四个来源对个体的自我效能进行解释，分别是成败经验、替代经验、言语劝说和

---

① Bandura. Aself-efficacy: toward a unifying theory of behavior change [J]. Psychological Review, 1977(84): 191-215.

② Taylor K M, Popma J. An examination of the relationship among career decision-making self-efficacy, career salience, locus of control, and vocational decisions [J]. Journal of Vocational Behavior, 1990(37): 13-31.

情绪唤醒。研究者依据自我效能感的四个方面的来源，通过团体辅导的方式验证了大学生职业决策自我效能感提升的有效性。[①]关于大学生职业决策自我效能感的干预研究，研究者采用焦点短期治疗的团体辅导方式进行干预研究。[②]还有研究者通过课程方式对大学生的职业决策自我效能感进行干预，结果显示职业决策自我效能感明显提高但持续时间不长。[③]

归因训练法是以归因理论为基础展开的研究。研究者Luzzo、Funk 和Strang（1996）通过归因训练有效提高学生的职业决策自我效能，通过引导学生把失败原因归纳为内在的、可控的维度上，职业决策主要由自身因素决定，通过自己的努力是可以获得职业成功的。研究结果表示，通过归因训练可以推动学生职业决策过程中的积极主动性。[④]归因训练的实质，也就是引导学生积极归因，从而提高成就动机，降低其对职业决策的不可控理念，最终达到提升自我效能的效果。[⑤]

团体辅导主要是通过团体动力、团体成员体验团体互动、团体经验分享等形式进行心理辅导，在参与团体辅导的过程中大学生对自身认识和职业的认识增加，从而提升其职业决策自我效能感。研究者通过职业生涯团体辅导，通过加强自我效能感四个方面的来源，提高团体成员的职业决策自我效能感。还有研究者通过团体辅导的方式对大学生进行干预，研究显示职业决策自我效能感水平显著提高，更加自信。[⑥]还有研究者通过团体箱庭疗法有效帮助低职业决策自我效能感的研究生提高了职业决策自

① Sullivan K R, Mahalik J R. Increasing career self-efficacy for women: evaluating a group intervention [J]. Journal of Counseling & Development, 2000, 78 (1): 54-62.

② 张文墨. 焦点解决取向团体辅导对提高大学生职业决策自我效能的实验研究 [D]. 重庆：重庆师范大学，2011.

③ Lam M, Santos A. The Impact of a College Career Intervention Program on Career Decision Self-Efficacy, Career Indecision, and Decision-Making Difficulties [J]. Journal of Career Assessment, 2018, 26 (3): 425-444.

④ Luzzo D A, Funk D P, Strang J. Attributional retraining increases career decision-making self-efficacy [J]. Career Development Quarterly, 1996, 44 (4): 378-386.

⑤ 胡芬玲. 自我效能感的归因理论在教学中的应用 [C]. 北京市高等教育学会 2007 年学术年会论文集（下册）. 北京市高等教育学会，2008：426-429.

⑥ 孟微. 高职学生职业决策自我效能感的特点及干预研究——以盘锦职业技术学院为例 [D]. 大连：辽宁师范大学，2012.

我效能水平。[①]还有研究者通过职业探索训练，探索职业、收集信息等训练内容，研究结果表示，训练后显著地提升了学生们的职业决策自我效能感。[②]还有研究者基于认知行为理论，通过挑战不合理信念来有效带动自我效能提升的方法，重构自己的认知，进而提升职业决策自我效能感。[③]

6.1.3 职业决策自我效能感的干预方案设计

对于职业决策中自我效能的干预研究，研究者依据不同的理论，通过多种研究方法对大学生的职业决策自我效能感进行研究，包括归因训练、团体辅导等形式，这些研究都为本研究低收入家庭大学生群体职业决策自我效能感的干预方案的设计提供了依据。

首先，本研究干预方案设计采用归因训练法，该训练法依据归因理论，通过稳定性、可控性和内外性的归因分类对团体成员进行归因训练。进行归因训练时，引导低收入家庭大学生尽量把失败原因归纳为内在的、可控的维度上。通过言语劝说，在低收入家庭大学生心中建立积极认识，职业决策是由自身因素决定的，通过自己的努力是可以解决职业发展中出现的暂时困难的。

其次，自我效能理论来源于 Bandura（1997）的研究，[④]从四个方面成败经验、替代经验、言语劝说和情绪唤醒来提升自我效能感。以团体辅导的形式推动大学生职业决策教育，能够有效地提升大学生们的职业决策实践能力。小组互动、体验分享以及名人访谈等丰富的教学方法，能够使大学生从不同的角度和思维理解和职业相关的各个要素，能够有效提升他们的自我效能感。

最后，设计职业探索活动，通过职业探索活动的设计提升低收家庭大

① 蔡红霞. 硕士研究生职业决策自我效能感的特点、影响因素及其干预研究［D］. 沈阳：辽宁师范大学, 2010.

② O'Brien K M, Bikos L H, Epstein K L, et al. Enhancing the career decision-making self-efficacy of upward bound students［J］. Journal of Career Development, 2000, 26（4）: 277-293.

③ Mcauliffe G J. Assessing and changing career decision-making self-efficacy expectations［J］. Journal of Career Development, 1992, 19（1）: 25-36.

④ Bandura A, Adams N E. Analysis of self-efficacy theory of behavioral change［J］. Cognitive Therapy & Research, 1977, 1（4）: 287-310.

学生对职业世界的了解和认识，拓展职业的信息量，增加对职业的兴趣，进而提升职业选择的信心，促进职业决策自我效能感的提升。

6.2 职业目标干预方案设计依据

6.2.1 职业目标的概念

美国的研究者洛克于1967年提出目标设置理论，认为目标本身具有激励作用，能把人的需要转变为动机，驱使人们的行为向着一定的方向努力，并将自己的行为与设置的目标对照，及时进行行为的调整和修正，从而保证可以实现目标。研究者表示，职业目标清晰是指求职者有清晰的求职目标以及对想要从事什么工作有清晰的想法，还有研究证实了求职目标清晰度与求职行为之间呈正相关关系。[①]本研究基于研究对象的特殊性，低收入家庭大学生群体的职业目标测量采用研究者应用比较广泛的界定。大学生的职业目标指对未来从事职业岗位及职业发展方向的设定，对自身具有激励作用，驱使自己的行为向着目标的方向努力，并实现目标。

6.2.2 职业目标的干预研究

Lent提出了社会认知职业管理模型，该模型首次提出自我效能、结果期待和个人目标的三个核心概念。目标是结果指向，目标的设定直接决定了个体的活动内容与活动结果，是驱使个体激发、组织、维持行为作用直至目标实现的关键机制，该理论解释了职业决策和职业发展的动态全过程。[②]该理论可以为职业生涯发展的干预研究提供实施的框架，成为干预研究中的主要理论支撑。研究者表示大学生职业目标是指大学生将来想要从事的工作、职业、岗位，与职业兴趣、价值观等相关。因此，对职业目

① Wanberg R C, Hough L M, Song Z. Predictive validity of a multidisciplinary model of reemployment success [J]. Journal of Applied Psychology, 2002(87): 1100-1120.

② Lent R W, Brown S D, Hackett G. Toward a Unifying Social Cognitive Theory of Career and Academic Interest, Choice and Performance [J]. Journal of Vocational Behavior, 1994, 45(1): 79-122.

标的干预研究切入点可以是自我认识，包括职业兴趣、性格、能力、价值观等方面，再通过对职业的探索，让大学生更清楚自己适合从事什么性质的工作，达成"人职匹配"。在这过程中，自我探索是为了全面地认识自我，清晰地确定职业发展目标，是确立职业目标的前提。研究者表示，职业目标的确立不仅让大学生较清晰地认识自己各方面的优势与劣势，明确自己的职业定位，更有助于让大学生做出正确的职业选择。[①]

依据舒伯于1957年首次提出的职业生涯的概念，将职业与个体及人生发展作为基础，构成职业生涯发展理论的框架，认为职业生涯就是自我概念的充分体现。舒伯将个体的职业生涯发展划分为五个主要阶段，分别是个体的成长阶段、逐步探索阶段、初步建立阶段、进行维持阶段以及逐步衰退阶段。根据其理论将个体在每个发展阶段的经历以成长到衰退的循环进行划分。[②]依据舒伯提出的职业生涯理论，个体生涯发展的五个阶段分别对应人生的整个生命历程，对于大学生而言正是处于职业探索阶段，即15~24岁，自我概念与职业概念形成是这个阶段主要的职业生涯发展任务，在生活和学习中进行职业探索，依据自身的职业兴趣以及能力等各方面条件逐渐探索人与职业之间的匹配，逐步进行职业生涯规划与职业决策的尝试。[③]

职业锚理论是施恩通过多种调查研究，总结和归纳出的理论。[④]职业锚是个体根据自身各方面的因素，在工作过程中形成并稳定从事的职业定位，既具备一定的内生性，也具有习得性经验对原核心体系修正的性质。环境与个体相互作用，达成匹配而稳定的职业定位。职业锚作为个体职业生涯发展目标的稳定源，能促进个体职业生涯的发展。

6.2.3　职业目标的干预方案设计

依据社会认知职业生涯理论为干预研究提供的理论框架，职业目标的

---

① 顾雪英. 当代大学生职业生涯规划 [M]. 北京: 高等教育出版社, 2011: 30-31.

② Watts A G, Super D E, Kid J M. Career development in Britain [M]. Cambrige: Hobson's Press, 1981: 3.

③ 张洪烈, 舒伯. 生涯发展论的评析及应用 [J]. 云南财经大学学报, 2010 (4): 154-160.

④ 刘志明. 施恩的职业锚理论 [M]. 北京: 中国劳动社会保障出版社, 2007.

干预方案设计应以提升自我认识、增强对职业的探索、了解自己的职业兴趣等为切入点。其中，提升自我认识是指要帮助低收入家庭大学生充分地认识自我，帮助他们学会客观地评价自己，增加低收入家庭大学生的自我认识知识，以便在职业选择中可以更好地进行人与职业的匹配。自我认识包括对自我兴趣、价值观、能力等方面的全面客观的认识，通过团体活动的方式，让低收入家庭大学生从参与的团体活动中客观地认识自己，充分了解自己。

团体干预方案还可以以提升自我为干预的切入点，通过团体活动调动低收入家庭大学生的学习、职业提升的主动性，激发其追求成功的动机。干预方案还可以设计接纳家庭等活动，目的是帮助低收入家庭大学生接纳自己的家庭状况，并合理看待来自家庭对自己的期望以及感知到家人对自己的支持，引导低收入家庭大学生客观、合理地接纳和看待家庭给予的职业支持。

根据归因理论，合理的归因对低收入家庭大学生的职业目标确立也非常重要。合理的归因是指帮助低收入家庭大学生调整自己的心态，建立积极的归因方式。根据心理控制源理论，通过形成良好的情绪和解决问题的方式，改善学生归因方式，引导其主动寻找职业信息来源及提升自己的就业能力，对自己职业生涯发展进行合理规划。

根据舒伯的职业发展理论，针对低收入家庭大学生在职业生涯发展阶段的任务，团体干预方案结合低收入家庭大学生的特点设计对职业的探索，帮助他们形成自我概念与职业概念，并在职业探索中了解职业角色，通过了解动机、需求、兴趣、价值观等要素，为职业匹配做好充分的准备。

霍兰德于 1971 年提出，人与职业的良好匹配是获得职业成就感和职业满意度的基础。[①]在的理论中兴趣是个体和职业匹配的过程中最重要的职业选择因素。职业兴趣作为个体内发性动机因素，根据自身的职业兴趣选择匹配的职业，利于个体在职业中充分发挥潜力、提高工作绩效，从而获得较高职业满意度。可见，职业兴趣对低收入家庭大学生职业目标的确

---

① 郎东鹏等.大学生职业生涯发展与规划[M].武汉：华中师范大学出版社，2009.

定也是非常必要的。激发职业兴趣是指低收入家庭大学生通过体验不同的职业和增加对就业知识的了解，从而思考自己对哪些职业感兴趣。

6.3 生涯社会支持干预方案设计依据

6.3.1 生涯社会支持的概念

生涯社会支持通常是指来自社会各方面包括父母、亲戚、朋友等给予精神和物质上的帮助和支持。侯志瑾（2010）认为生涯发展在某些方面有其特殊性，所以她首次提出生涯社会支持的定义，认为在生涯发展中所需要的支持有别于一般领域的社会支持，有在该领域的独特性和针对性。她界定生涯社会支持是指重要他人、社会对个体在生涯发展方面所提供的支持，包括物质支持、建议支持、情感支持、信息支持等。[①]

6.3.2 生涯社会支持的干预研究

对大学生开展的生涯社会支持的干预性研究，多集中在通过团体辅导等方式进行干预研究，研究发现通过团体辅导可以有效提高领悟到的社会支持的能力。研究表明，通过对社会支持领悟的训练，能有效调节个体的心理健康和身体健康水平，具体的调节表现在压力、抑郁和焦虑方面，从而提升了个体的主观幸福感和心理健康水平。[②]还有研究结果表明，对大学生开展社会支持的领悟干预直接影响其抑郁水平。[③]领悟社会支持在压力情境中起图式作用，并对行为和事件的意义做出解释。还有研究者通过短程内观疗法干预大学生领悟社会支持，研究表明大学生的领悟社会支持显著提升。[④]通过对留守儿童进行领悟社会支持团体辅导，发现能促进留

① 侯志瑾. 大学生生涯社会支持量表的编制 [J]. 中国临床心理学杂志, 2010（8）：439-442.

② Righy K. Are There Behavioral Implications Attitudes to Authority? [J]. High School Journal, 1985(68): 365-373.

③ Norris F H, Kaniasty K. Received and perceived social support in times of stress: a testof the social support deterioration deterrence model [J]. Journal of Personality and Social Psychology, 1996(71): 498.

④ 李红, 李夏妍. 短程内观疗法提高大学生领悟社会支持的研究 [J]. 黑龙江高教研究, 2013（2）：138-140.

守儿童的幸福感的提升。[1]通过对大学生进行领悟社会支持团体辅导，发现大学生的领悟社会支持水平显著提升。[2]

领悟社会支持主要是指青少年对来自家人、朋友和他人的支持度的直觉与期望。个体领域社会支持水平的高低一部分是个体实际获得的客观支持度，另一部分是个体对实际支持的认可度的感知。研究者从个体因素、情境因素等方面对领域社会支持进行了大量的研究。在性别差异上，研究表明女性领域社会支持水平显著高于男性，还有研究者表示主观幸福感与领域社会支持之间的相关性显著。也有研究者从家庭教养方式的不同探究对领域社会支持的影响，研究发现越情感温暖、宽容的父母，他们的子女感受到的社会支持越积极。还有研究者关注同伴关系对领域社会支持的影响，研究发现稳定良好的同伴关系可以促进领域社会支持的提供。[3]还有研究者关注归因方式与领域社会支持的关系，研究发现积极的归因方式可以提升大学生领域社会支持水平。由于生涯社会支持的提出较晚，研究者的关注多集中在社会支持或领域社会支持的研究及干预方面。

6.3.3 生涯社会支持的干预方案设计

研究表明，个人的归因方式对大学生社会支持的影响显著，积极的归因方式可以有效提升大学生的领域社会支持能力。[4]根据研究可见，积极的归因方式对个体接纳和领悟到外在的支持有明显的促进作用。个体在积极的归因方式引导下，会增强与他人的沟通与相处模式，更愿意感知到外在给予自己的帮助和支持，进而促进个体的领悟社会支持提升。还有研究表明，如果个体的归因方式是消极的类型，则其领悟社会支持水平也较低。[5]

也有研究关注同伴关系对生涯社会支持的影响作用，研究发现，来

① 连伟利. 留守初中生领悟社会支持与主观幸福感的关系研究 [D]. 重庆: 西南大学, 2009.
② 叶俊杰. 大学生领悟社会支持的影响因素研究 [J]. 心理科学, 2005(11): 190-193.
③ 马素红. 在校硕士生的社会支持度及其与孤独感的关系 [J]. 中国健康心理学杂志, 2014(3): 452-453.
④ 叶青青. 大学生的感戴与归因方式、领悟社会支持 [J]. 中国心理卫生杂志, 2012(4): 315-318.
⑤ 杜凌云. 高中生领悟社会支持及其与归因风格、一般自我效能感的关系研究 [D]. 金华: 浙江师范大学, 2012.

自父母、朋友、老师、同学的人际关系网中，同伴关系对大学生社会支持水平的提升影响显著。同伴之间的经历相同，给予个体的支持和鼓励的说服力度远远大于亲戚等。因此，在以往研究中发现提升同伴关系，可以有效降低孤独感，进而促进个体更积极地融入集体，提升领悟社会支持水平。[①]

由此，本研究生涯社会支持团体辅导的干预方案的设计可以参考领域社会支持干预的研究结果，通过训练低收入家庭大学生的归因方式，引导其建立积极的归因方式，进而提升生涯社会支持水平。还可以通过提升感知的同伴支持来源，进而提升生涯社会支持水平。

6.4　就业能力团体辅导干预方案内容

6.4.1　团体辅导研究

团体辅导是在团体领导者的组织下，围绕团体成员所关注的问题，通过团体活动方式，使团体成员之间建立信任感、相互启发，促进团体成员之间建立统一、和谐、共同的目标。通过团体成员的共同进步来促进个体发展，使团体成员通过活动充分地认识自我、了解自我，进而建立良好的人际关系，促进问题的解决。团体辅导中除了成员之间的语言沟通与交流外，还有肢体交流，团体成员在参与活动时能建立友好的互助关系。团体的形成分为三个阶段，分别是初始阶段，该阶段团体成员会围绕彼此关心的话题进行分组讨论并分析彼此的问题，围绕特定的团体工作任务设置目标；中间运作阶段，该阶段团体成员在彼此交流与互动中已经形成相互之间的信赖，会主动寻求团体成员的帮助和理解，解决问题；最后结束阶段，该阶段团体成员通过分享交流参与团体活动过程中的心得与体会，感受在团体活动过程中的变化。团体的领导会根据团体需要解决的问题，针对每一位团体成员单独进行辅导，也会根据需要对多位成员一起辅导。团

---

① 马素红. 在校硕士生的社会支持度及其与孤独感的关系[J]. 中国健康心理学杂志, 2014(3): 452-453.

体辅导与传统课程相比，更具有针对性和融合性，更能体会和针对团体成员的实际需要开展辅导。通过团体活动提升低收入家庭大学生的自我效能感，激发职业目标确立，进而提升就业能力。

职业生涯团体辅导是以职业生涯发展和团体辅导理论为依据，对团体成员的心理及行为进行团体干预，以参与团体活动的方式促进团体目标的实现。职业生涯团体辅导通过帮助团体成员客观地认识自我及自身各方面的能力，进行职业探索，在参与团体活动过程中形成正确的自我认知和职业认知，合理科学地进行职业选择。研究发现，职业辅导能有效增强大学生对职业认知的能力，强化职业规划意识，使其更加清晰地了解自己喜欢的职业以及能胜任的职业。职业生涯辅导对大学生的职业决策自我效能感的影响效果显著。[1]还有研究发现，开展职业决策及归因方式的团体辅导，能够有效帮助大学生提升职业决策能力并增强自信心。[2]

6.4.2　团体辅导的内容

6.4.2.1　团体辅导方案设计的合理性分析

本研究中团体辅导方案的设计综合运用了社会学习理论、团体动力学、职业生涯发展理论等多种理论，同时结合自我认识、自我探索、职业探索等职业生涯规划的环节，共设计8个单元的活动。

团体辅导共分8次，每周一次，每次约90分钟。在进行职业生涯团体辅导时，要求所有成员都必须完成8个单元的所有活动，具体包括：就业团体结盟、认识全新的自我、自信提升训练、开启职业探索、职业目标的确立、感知生涯社会支持、完美职业规划行动、笑迎未来职业。

团体动力学注重团体内部气氛的建立，把内部团体看作是一个完整的、独立的动力体系。团体的领导者需要考虑通过设计什么样的团体活动可以有效地促进团体成员的成长和发展以及和谐融洽的团体气氛如何构

---

① 张英萍. 焦点解决取向生涯团体辅导对职高生生涯成熟以及生涯自我效能的影响研究 [D]. 金华: 浙江师范大学, 2006.

② 王金良. 职业决策自我效能的实验 [C]. 中国心理学会发展心理学专业委员会、中国心理学会教育心理学委员会二〇〇六年度学术年会论文摘要集, 2006: 12.

建，使团体成员能够通过团体活动感觉到强烈的安全感和归属感，进而在活动的互动中达成团体的目的。

社会学习理论强调的是人的行为之间的相互作用关系，这种关系是由个人与环境之间的相互作用决定的，通过观察和模仿的环节，学习和形成新的行为。依据社会学习理论，团体成员创设了良好的学习环境，共建理解、关心、信任的关系环境，这种团体环境的构建不同于团体成员所生活的环境，使团体成员在这种和谐的团体环境中感受到接纳与互助，进而促进团体成员互相学习和提升能力。

职业生涯发展理论把生命周期分为成长、探索、确立、维持、衰退五个阶段，个体的生涯发展在每一个阶段都具体各自的特征和任务，上一个阶段的生涯发展任务没有充分地完成，就会直接影响到下一个生涯发展阶段的正常发展，进而职业发展也会随之受到阻碍。大学生处在职业生涯发展理论中的职业探索阶段，这是整个职业生涯发展的核心阶段。大学生在这个关键阶段的特征是自我意识不断增强，随着社会交际圈的扩大，人生观、价值观基本确定，职业兴趣逐渐形成。

因此，设计有针对性的就业能力团体辅导方案对低收入家庭大学生来说至关重要。在设计团体辅导方案时，必须注意以下环节：首先，可操作性，也就是在收集信息、目标定向、规划制定等方面操作性要强，干预方案可行，符合低收入家庭大学生的特征以及就业能力发展的要求；其次，合理性，干预方案的设计要符合干预变量的理论依据，如职业决策自我效能感、职业目标及生涯社会支持的干预方案设计要以变量的概念内涵及相关理论为依据，并参考已有研究的结果及研究设计；最后，科学性，团体辅导方案的制定要基于科学的方法，以低收入家庭大学生的就业能力提升的实际需求为切入点，围绕就业能力影响机制设计干预方案。

就业能力团体辅导是通过团体辅导的方式，帮助低收入家庭大学充分认识自我，拓展对职业的认识，在团体中不断地互相学习与成长，了解团体成员应对能力提升的方法及问题解决的技巧等，并将其内化成自己的能力，同时学习团体成员在面对挫折时的应对方式，以帮助自己建立积极的归因方式，从而更好地应对就业方面的困难，勇敢面对就业的挑战。

6.4.2.2 团体辅导方案的制定

（1）团体辅导方案的设计

本研究中团体辅导方案的设计综合运用了社会学习理论、团体动力学、职业生涯发展理论等多种理论，同时结合自我认识、自我探索、职业探索等职业生涯规划的环节，共设计 8 个单元的活动。团体辅导共分 8 次，每周一次，每次约 90 分钟。

在进行职业生涯团体辅导时，要求所有成员都必须完成8个单元的所有活动，具体包括：就业团体结盟、认识全新的自我、自信提升训练、开启职业探索、职业目标的确立、感知生涯社会支持、完美职业规划行动、笑迎未来职业。（表6-1）

表6-1　就业能力团体辅导方案设计

次数	团体活动名称	团体活动目标	团体活动内容
第一次	就业团体结盟	1. 团体成员相互认识，建立融洽、和谐的团体氛围 2. 领导者说明团体目标、性质、活动方式 3. 成员之间从生疏逐步熟悉，初步建立了信任 4. 提升团体凝聚力以及向心力	1.介绍团体 2.认识成员 3.团体期待 4.总结赞美
第二次	认识全新的自我	1. 增加团体信任感和凝聚力 2. 探索自我的个体特质、兴趣、能力、价值观，增强对自我的认识 3. 正确认识自己的优势和劣势	1.过往经历回顾 2.我的能力比拼 3.接纳自我 4.赞美自我
第三次	自信提升训练	1. 提高团体成员的职业决策自我效能感 2. 帮助团体成员了解自己的优势 3. 建立理性的自信系统，增强自信心	1.肯定自我 2.建立自信心 3.我的优势 4.相信自己最棒
第四次	开启职业探索	1. 帮助成员更加深刻地认识自己，了解自己的职业兴趣 2. 借助"生涯卡"探索成员职业志向 3. 呈现与专业发展方向相对的职业信息	1.职业早知道 2.职业兴趣拓展 3.职业发展思考 4.职业世界探索

续表

次数	团体活动名称	团体活动目标	团体活动内容
第五次	职业目标的确立	1. 帮助成员积极地探索职业价值观 2. 帮助成员明确自己的职业目标 3. 训练成员采用积极的归因方式 4. 扩展成员对生涯资源的运用与认识	1. 职业指向标 2. 职业目标设定 3. 职业价值观分析 4. 积极归因培养
第六次	感知生涯社会支持	1. 帮助成员拓展生涯社会支持关系网 2. 帮助成员感知来自同学以及老师的生涯支持 3. 培养成员包容接纳的情绪状态	1. 拓展生涯社会支持关系网 2. 感知支持源训练 3. 生涯角色扮演 4. 积极情绪培养
第七次	完美职业规划行动	1. 帮助成员了解什么是生涯规划，以及如何制定生涯规划 2. 鼓励成员主动积极地开展生涯规划，并合理分配时间 3. 帮助成员根据自身的条件合理地规划学习以及职业生涯	1. 时间规划训练 2. 掌控生涯规划 3. 生涯幻游 4. 职业规划启航
第八次	笑迎未来职业	1. 鼓励成员挖掘和发现自己的潜能，畅想未来 2. 总结活动成果，交流参加团体活动的收获 3. 对未来的职业生涯发展进行展望	1. 温馨团体回顾 2. 成长计划分享 3. 生涯探索体会 4. 团体告别

（2）团体辅导方案的具体内容（见表6-2～表6-9）

表6-2 团体辅导"就业团体结盟"（第一次辅导）

主题：团体形成	团体活动对象：低收入家庭大学生	预计人数：35人	时间：90分钟
单元目标： 1.团体成员相互认识，建立融洽、和谐的团体氛围。 2.领导者说明团体目标、性质、活动方式。 3.成员之间从生疏逐步熟悉，初步建立了信任。 4.提升团体凝聚力以及向心力。			

续表

名称	活动流程	时间（分钟）
介绍团体	1. 领导者欢迎团体成员的加入，自我介绍 2. 领导者对成员参加团体的勇气进行鼓励并认可 3. 介绍团体的性质、目标、活动方式 4. 说明团体的保密性	10
认识成员	1. 暖身活动：全体团体成员手拉手围成一圈站好，听团体领导者口令，然后大家按照要求随机组成几人一组 2. 团体成员自我介绍，然后随机走到一位成员面前，其他成员要说出该成员的姓名和专业 3. 团体成员说出自己的优点，并说出期待通过团体辅导提升哪些方面 4. 成员总结自己的特点，让别人记住自己	30
团体期待	1. 在团体中创设小组，小组成员彼此分享自己参加活动的动机以及对团体、领导者的期望 2. 团体领导者归纳总结大家的期望，明确团体目标 3. 用"滚雪球"的方式帮助小组成员相互认识，介绍分两轮进行：第一轮主要介绍自己的姓名、专业和籍贯，第二轮主要介绍自己目前存在的职业困难和对团体活动的期望	20
总结赞美	1. 领导者带领团体成员分享本次团体感受，回顾自己是否感觉没有刚进入团体时那么紧张 2. 邀请每个成员对团体中的任一成员进行赞美 3. 分享自己刚进入团体时的状态和现在的状态以及通过团体想进步的空间	20
尾声	填写团体回馈表	10

表6-3 团体辅导"认识全新的自我"（第二次辅导）

主题：认识自我	团体活动对象：低收入家庭大学生	预计人数：35人	时间：90分钟

单元目标：

1. 增加团体信任感和凝聚力

2. 探索自我的个体特质、兴趣、能力、价值观，增强对自我的认识

3. 正确认识自己的优势和劣势

续表

名称	活动流程	时间 （分钟）
过往 经历 回顾	1. 热身活动"大风吹"：全体成员站成一圈，由一中间成员说 "大风吹"，其他成员坐在座位上并询问"吹什么"，大家根据 活动特征，筛选符合的成员并抢座位，没有抢到座位的成员换到 中间继续团体活动 2. 成员小组内分享在过往的"学习和生活"中成功和失败的事 件，分别分享2个事件 3.回顾成功的经历，你觉得怎样才能获得的成功、成功的感觉如 何，以及这些成功的经历给你提供了哪些经验	20
我的 能力 比拼	1. 团体成员从能力强项卡中挑选一张或两张最符合自己能力的卡 片，并解释为什么你觉得这方面的能力"强" 2. 根据自己选择的能力卡，分享自己这方面能力目前的状态以及 对能力提升的期待 3. 成员小组内回馈分享后，分析团体成员是一个怎样的人，有什 么明显的个性、特质和能力	20
接纳 自我	领导者介绍"SWOT 自我分析单"的内容，团体成员填写"自我 分析单"，并小组内分享感受 S（strengths）是优势，W（weaknesses）是劣势，O（opportunities） 是机会，T（threats）是威胁，这些是 SWOT 分析法中的 4 个要 素，通过对自身的 SWOT 分析，了解自身的优劣势，了解和改进 自身的能力，调整自我，积极应对困境，实现自身的目标	20
赞美 自我	1. 通过团体活动，你觉得自己有哪些表现得好、哪些方面是值得 赞美的 2. 小组成员之间分享这次团体活动的感受，并鼓励自己	20
尾声	填写团体回馈表	10

表6-4 团体辅导"自信提升训练"（第三次辅导）

主题：自信 提升	团体活动对象： 低收入家庭大学生	预计人数：35人	时间：90分钟
单元目标： 1. 提高团体成员的职业决策自我效能感 2. 帮助团体成员了解自己的优势 3. 建立理性的自信系统，增强自信心			

续表

名称	活动流程	时间（分钟）
肯定自我	1. 成员用"我能……"的句子进行接龙活动，循环进行，充分挖掘自己的能力潜质 2. 成员分享玩这个活动后的感受与收获	20
建立自信心	1. 引导小组成员讨论，分析自己在哪些方面不自信，选择其中一两个成员不自信的方面进行对质，教会成员学会自我对质的方法，进而看到真正的自己 2. 给每个成员发1张白纸，要求在上面写上自己的姓名，将自己目前最困扰的职业相关问题写在纸上。然后，随机请团体成员回答，结合自己的经验及体会，把自己对某一问题的真实看法写出来。回答者不用署名，写完后将白纸装进信封内。每人都谈谈自己听到团体成员的意见后的感想，是满意，还是有所疑惑。谈谈得到其他人的帮助，自身的收获和感受。也许自己困惑的问题，没有想的那么困难，自己也是可以轻松解决的，只要相信自己的能力	20
我的优势	小组成员轮流坐到中央，其他成员对其优点或欣赏之处（如性格、外貌、处事方式等）进行称赞，只说优点，态度要真诚，努力去发现别人的长处，不能毫无根据地吹捧，那样反而会伤害别人。被称赞的成员说出哪些优点是自己以前知道的，哪些是未曾意识到的	20
相信自己最棒	1. 领导者引导团体成员说出其他人可能的赞美 2. 可以向组内成员提问："你在这次活动中的优秀表现有哪些？他或她会如何说？" 3. 通过互相分享，总结自己在团体活动中的表现	20
尾声	填写团体回馈表	10

表6-5　团体辅导"开启职业探索"（第四次辅导）

主题：认识职业	团体活动对象：低收入家庭大学生	预计人数：35人	时间：90分钟
单元目标： 1. 帮助成员更加深刻地认识自己，了解自己的职业兴趣 2. 借助"生涯卡"探索成员职业志向 3. 呈现与专业发展方向相对的职业信息			

续表

名称	活动流程	时间 （分钟）
职业 早知道	1.设想你已经有三年的工作经验，正从事着自己喜欢的职业 2.接受职业采访：请对以下问题给予答复，可以通过网络或咨询从业人员等方式收集信息 （1）什么职业？ （2）主要的工作内容是什么？ （3）主要的工作场所在哪？ （4）什么薪酬方式？月薪大概范围是多少？ （5）工作时间是固定，还是自行安排？ （6）从业者需要的能力和素质是什么？ （7）从业者的升迁发展机会如何？ （8）从业者的就业市场如何？ （9）从业者可能的压力来源是什么？ （10）该职业最突出的优势是什么？ （11）该职业最明显的劣势是什么？	20
职业兴 趣拓展	1. 指导者向团体成员介绍霍兰德职业兴趣测试，依据理论将个体人格特征分为六类：现实型（R）、探索型（I）、艺术型（A）、社会型（S）、管理型（E）和常规型（C）。同时，根据不同的职业特点将职业也分为对应的六类。 2.通过团体活动和问卷的方式，分别对团体成员进行职业兴趣测试、能力和人格特点的测评 3.对团体成员的测评结果进行综合分析，帮助团体成员发现和确定自己的职业兴趣和能力特长，可作为职业选择时的参考和依据	20
职业发 展思考	1. 请团体成员在"这是我不感兴趣的职业""这是我感兴趣的职业"的两类卡片中选择自己的卡片 2. 两个人一个小组，分享挑选"感兴趣或不感兴趣"卡片的过程是什么原因促使的，分析感兴趣或不感兴趣的职业特征是什么	20
职业世 界探索	1.通过网络或对从业人员访谈，寻找自己可能适合的职业，并解释适合的原因 2.举例说明自己收集职业信息的途径，激发团体成员获取尽可能多的职业信息搜索途径	20
尾声	填写团体回馈表	10

表6-6 团体辅导"职业目标的确立"（第五次辅导）

主题：职业目标确立	团体活动对象：低收入家庭大学生	预计人数：35人	时间：90分钟

单元目标：

1. 帮助成员积极地探索职业价值观

2. 帮助成员明确自己的职业目标

3. 训练成员采用积极的归因方式

4. 扩展成员对生涯资源的运用与认识

名称	活动流程	时间（分钟）
职业指向标	1. 职业指向标活动，通过对职业形象的猜谜使团体成员对职业有初步的了解。 2. 将团体成员分成两队，准备职业题目，由两组抢答，成员可讨论，题目列举如冲锋在危急关头、决胜于战火之中（军人）；救死扶伤、治病救人（医生）等。	20
职业目标设定	1.成员两人一组分享自己设想的"职业目标" 团体成员对自己的未来有初步职业目标，但可能会遇上一些困境，请团体成员分享可能遇到的职业选择或职业发展方面的困境，需要其他成员给予协助及建议的地方有哪些 2.要求成员制定短期目标、中期目标、长期目标和人生总目标 短期目标：这些目标可能是自己选择的或被动接受的，未必由自己的价值观决定，但是可以接受，目标具备可操作性、明确性、具体性的特点 中期目标：符合自己的专业特点和用人单位的要求，基本符合自己的价值观并充满信心，说明比较明确的时间，且可做适当的调整 长期目标：目标是认真选择的，和社会长期发展需求相结合，非常符合自己 3.帮助成员了解现实与目标的距离，了解如何改进、修正自己的职业目标	20

续表

名称	活动流程	时间（分钟）
职业价值观分析	1. 领导者给成员介绍"价值观拍卖清单"活动的规则，成员根据自己的需求编列出个人的预算、购买单以及每件物品基本的价格 2. 由领导者主持价值观拍卖会，拍卖物品包括友情、幸福、健康、亲情等。拍卖完后，团体讨论： （1）你最想买的"价值观"有没有买到？没有买到的话，为什么？与你的个性是否有关？ （2）哪一项是你最想买的？为什么？ （3）有没有买到你不是很想要的？为什么？	20
积极归因培养	1.回顾曾经让自己感到很大压力、焦虑紧张的事情，分析这些事情带给你的压力源或焦虑的原因是什么；你当时是怎样克服这些困难的，采取的应对方式是回避，还是积极地面对困难 2. 领导者引导团体成员，分析自己克服这些困难的方式是靠自己积极面对问题，通过自己的努力，主动寻求解决问题的办法，所以最后有好的结果，帮助成员建立积极的归因方式	20
尾声	填写团体回馈表	10

表6-7　团体辅导"感知生涯社会支持"（第六次辅导）

主题：感知生涯社会支持	团体活动对象：低收入家庭大学生	预计人数：35人	时间：90分钟

单元目标：
1. 帮助成员拓展生涯社会支持关系网
2. 帮助成员感知来自同学以及老师的生涯支持
3. 培养成员包容接纳的情绪状态

名称	活动流程	时间（分钟）
拓展生涯社会支持关系网	1.团体成员分享当遇到职业发展方面的困惑或问题时，首先求助的对象是谁，其次会找谁，寻求帮助的途径有哪些 2. 请团体成员思考，有可能拓展的寻求帮助的途径或关系有哪些	20

续表

名称	活动流程	时间（分钟）
感知支持源训练	1.请团体成员分享，当你遇到职业方面的困惑时最希望得到的帮助是什么 2.在曾经的经历中，你接受的职业发展方面的支持有哪些 3.请团体成员分享家庭成员或朋友所从事的职业中是否有你喜欢的，你是否跟他们咨询过职业体会和感受 4.通过以上问题的回复，激发团体成员思考，自己可以利用的生涯支持来源都有哪些，应该如何更好地利用，以及如何感知到外在的支持	20
生涯角色扮演	1.邀请团体成员演绎招聘应聘的角色扮演，成员分享体验 2.领导者讲述简历制作，从雇主的角度思考，希望雇员具备哪些能力 3.请团体成员分享最新扮演的职业角色，并说明理由是什么	20
积极情绪培养	1.请成员分享目前在生活或学业方面遇到的困难，这些困难带给你的感受是什么，情绪如何 2.分享这些困扰你的事带来负面的想法和情绪，如生气、绝望、逃避等，当你感到那股负面情绪的时候，是如何调节自己的心理状态的	20
尾声	填写团体回馈表	10

表6-8　团体辅导"完美职业规划行动"（第七次辅导）

主题：职业生涯规划	团体活动对象：低收入家庭大学生	预计人数：35人	时间：90分钟
单元目标： 1.帮助成员了解什么是生涯规划，以及如何制定生涯规划 2.鼓励成员主动积极地开展生涯规划，并合理分配时间 3.帮助成员根据自身的条件合理地规划学习以及职业生涯			

续表

名称	活动流程	时间（分钟）
时间规划训练	1. 请团体成员设计"24小时"一天的时间安排，在24小时的特定时间里你想怎样进行管理，如何合理分配 2. 分享自己平时的一天是怎样度过的，睡觉用了多少时间，吃饭、看电视、玩游戏、运动、看书、聊天分别用了多少时间 3. 按照相应的比例在白纸上画出来，画完后进行交流，然后，领导者讲授时间管理的技巧	20
掌控生涯规划	1. 生涯规划设计方案：请成员为自己设计未来可能从事的职业方向以及岗位等方面内容，并以3年为时间段，设想每一个时间段自己的职业发展状况以及预期想达到的职业发展程度是什么 2.请成员列举可能影响你未来职业生涯发展的因素，并分享什么是最重要的影响因素	20
生涯幻游	1. 领导者引导团体成员闭上眼睛，并对过去曾有过的所有职业梦想进行回顾 2. 冥想的内容包括未来 3 年、5 年或 10 年后的自己将变成怎样的一个人，那时的你在哪里做什么呢 3. 请成员结束冥想后分享自己刚才的生涯幻游的经历是什么	20
职业规划启航	1. 团体成员在综合分析自己的个人择业标准、家庭因素优势、环境的利用因素的基础上，从所有可能选择的职业目标里选出几个最好的，初步制定生涯规划设计 2. 回顾本次活动内容，并总结自身的收获和感受	20
尾声	填写团体回馈表	10

表6-9 团体辅导"笑迎未来职业"（第八次辅导）

主题： 整理总结	团体活动对象： 低收入家庭大学生	预计人数：35人	时间：90分钟
单元目标： 1.鼓励成员挖掘和发现自己的潜能，畅想未来 2.总结活动成果，交流参加团体活动的收获 3.对未来的职业生涯发展进行展望			

名称	活动流程	时间 （分钟）
温馨 团体 回顾	1.请成员找个自己最舒适的位置，坐在椅子上，闭上眼睛 2.领导者播放轻音乐，引导成员回顾团体刚开始的情形、团体中所发生的事以及彼此间的互动	20
成长 计划 分享	1.团体成员分享团体活动中让你印象最深的是什么、对自己有帮助的是什么？ 2.分享自己今后学业和职业的计划是什么	20
生涯 探索 体会	1.领导者根据生涯探索活动总结团体成员在活动中的成长，在活动过程中了解每位成员不同的一面以及改变，并对每位成员进行鼓励和赞美 2.请团体成员反馈自己听到他人的认可后自己的感受是什么，通过团体活动对生涯发展的认识有哪些方面的改变	20
团体 告别	全体围坐在一起，说出自己想说的话，对象可以是你自己，也可以是团体中的其他成员	20
尾声	填写团体回馈表	10

6.4.3 团体辅导的影响分析

6.4.3.1 团体辅导为高校提供就业指导新方式可行性分析

就业能力团体辅导以低收入家庭大学生就业能力提升为目标，帮助低收入家庭大学生建立正确的职业价值观，向其传授能够脱贫的个体能力和求职或创业技能，以此增进低收入家庭大学生职业决策自我效能感，提升职业目标确定性以及感知生涯社会支持的水平，全面提高其就业能力，能够实现自己的职业生涯良性发展。从目前的就业形势来看，高校虽然重视大学生的就业指导，也通过课程等方式提升低收入家庭大学生的就业能力，但对于该群体大学生而言，采用团体辅导的方式会更有效地满足他们真正的就业需求，使他们通过辅导在面对就业焦虑、迷茫等就业问题时会调整自己的状态，积极地应对困难，明确自己的职业目标，并为之努力争取达成目标。

低收入家庭大学生的就业能力团体辅导，主要是帮助低收入家庭大学生正确地认识自己，提升职业决策自我效能感水平，树立正确的职业价值观以及择业观，帮助低收入家庭大学生明确自己的职业兴趣，并树立职业目标，提升感知生涯社会支持的能力，进而促进低收入家庭大学生提升就业能力。就业能力团体辅导主要是围绕提升就业能力而展开的一系列团体辅导，其能够帮助低收入家庭大学生更好地认识自我、了解职业世界，进而适应社会生活，还能够帮助大学生理解自身的不足，积极主动地投入到学习和求职准备中。

根据低收入家庭大学生特征和现实需求进行就业能力团体辅导方案的设计，以提高低收入家庭大学生的职业决策自我效能感、职业目标、生涯社会支持为干预研究的切入点，以期待通过团体辅导提升低收入家庭大学生的就业能力、适应社会以及融入社会的能力。

可见，就业能力团体辅导是一种针对性强、可操作性强的就业辅导方式，为了取得最佳的效果，在实际开展团体辅导的过程中，干预方案的设计要充分考虑低收入家庭大学生的性格特征、综合能力、现实就业需求等问题，选择合适的团体辅导方式，以全面提高低收入家庭大学生的就业能力，使其找到更加适合自己的工作，同时也为高校开展就业指导提供了新方式。

6.4.3.2 团体辅导为低收入家庭大学生的就业指导提供新思路

本研究从低收入家庭大学生个体内在和外在影响因素的角度构建其就业能力影响机制模型，探索他们就业能力形成的路径。依据社会认知职业生涯理论，采用质性研究方法和量化研究方法进行调查研究，构建该群体大学生就业能力的影响机制模型。分析低收入家庭大学生的就业能力影响机制的路径是通过生涯社会支持对职业决策自我效能感、职业目标的链式中介效应影响就业能力。由此，我们可以更清晰地了解低收入家庭大学生就业能力的作用机制，这一结果为提升该群体就业能力提供了理论依据。

本研究对低收入家庭大学生的就业能力影响机制进行探讨，为有效地开展高校的就业指导工作提供了参考路径。就业指导路径可以从促进其职业决策自我效能感建立为切入点，激励低收入家庭大学生的职业目标的确立，同时，外在影响因素中生涯社会支持给予低收入家庭大学生足够的就业支持，促使低收入家庭大学生就业能力不断地提升。

团体辅导方案设计依据上述就业能力形成路径，为开展就业辅导干预方案设计提供以下启示：

首先，关注低收入家庭大学生职业决策自我效能感的培养，培养其积极的心理特征。低收入家庭大学生的职业决策自我效能感是促使他们自信地学习和生活以及求职的关键因素，能使其以积极自信的心理特质应对困难。因此，在设计低收入家庭大学生就业能力的团体辅导方案时，应提供有助于他们建立积极的信念心理的途径，进而提升其自信心，以自信的态度积极地参与就业的竞争，提升就业能力。

其次，团体辅导方案关注的是职业目标对低收入家庭大学生就业能力的影响。在团体辅导中，通过鼓励他们明确职业发展方向，进而明确职业目标。因此，在设计就业能力的团体辅导方案时，应注重帮助其建立明确的职业目标，这样才能使其充分地调动自己的动力，为实现目标而努力。

最后，团体辅导方案设计还关注生涯社会支持对低收入家庭大学生就业能力的影响。根据社会支持理论，对低收入家庭大学生而言，外在环境给予的支持和帮助对他们至关重要，不仅仅是物质方面，还有来自朋友或老师的鼓励和情感支持也非常重要。

低收入家庭大学生的就业指导一直都备受高校的关注，如何帮助低收入家庭大学生提升就业的竞争力，具备充分的就业能力，获得更好的职业生涯发展，本研究为这一问题的解决提供了理论依据和辅导路径。

7　新时期低收入家庭大学生就业能力的提升建议

7.1　低收入家庭大学生自身就业能力提升建议

7.1.1　提升自我效能感，鼓励自信心的建立

　　本研究发现导致低收入家庭大学生就业能力不足的一个重要的影响因素就是个体内在的自信水平偏低，也就是自我效能感较低。提升低收入家庭大学生的就业能力最直接的方式就是从个体的层面入手。本研究将依据访谈、调查及干预结果就低收入家庭大学生职业决策自我效能感的提升提出建议。

　　依据自我效能感的理论，自我效能感有四个方面的来源，分别是成败经验、替代经验、言语劝说和情绪唤醒。对于低收入家庭大学生而言，应从促进其拓展学习和生活经历出发，帮助其更多地参与社团活动和学生会的各项活动。通过参加各项活动，增加了与同学、教师、学校甚至相关用人单位等的交流和沟通，既提高了低收入家庭大学生的沟通和表达能力，又丰富了成败事件的经历，增长了成败经验，进而增强了自我效能感。同时，参与各类学生社团文化活动也提升了低收入家庭大学生的通用能力。在参加各项活动的过程中，难免要面对与其他成员的沟通与协作，这也锻炼了低收入家庭大学生的沟通和协调能力。同时，活动中，优秀成员的表现也为低收入家庭大学生提供了替代经验的学习，他们可以参看他人优秀的方面，提升自己的不足，相信自己通过一次一次的锻炼和努力也会变成优秀的样子，无形中也增强了低收入家庭大学生的自信心，增强了自我效能感。

　　随着社会的进步，对于新事物的接纳和学习，是用人单位看重的能力

素质，这就要求低收入家庭大学生在具备自身专业知识背景的前提下，还需要具备良好的学习能力和适应能力，从而应对不同职业环境的需要。培养低收入家庭大学生持续的学习能力，特别是接受新鲜事物快速的学习能力，以及持续的学习意识和动力，只有这样才能适应和符合新时代社会对人才的需求。对低收入家庭大学生创新能力的培养同样是新时代背景下人才需求的要素，具备创新能力和创新意识，是应对经济转型变化的重要能力。对低收入家庭大学生而言，要深刻认识新时代的这种变化，培养自己的学习观念和知识观念，进而增强创新意识，才能不断地增长自信心，从而面对任何变化的职业需要都可以应对。低收入家庭大学生也要提早做好职业生涯规划，规划的前提是需要充分地认识经济环境及就业形势，结合自身的优势和特长，选择适合自己的职业。

通过本研究可见对于低收入家庭大学生的就业能力的培养不是一蹴而就的，特别是就业能力的提升是一个动态的进程，更不能按照传统的就业理论将其单纯地定义为求职应聘时展现出的就业表现，而是应该将其看成是需要一个漫长的时间对各方面能力的培养及提升的动态过程。因此，对于低收入家庭大学生而言应该提前做好职业生涯规划，这样既可以提前做好能力提升的准备和计划，也有助于减轻难以适应工作岗位的状况。低收入家庭大学生由于从小的成长环境，始终背负着靠自身的努力改变家庭经济状况的希望，面对现实的需要更应该提早确立职业生涯发展的目标，并努力去实施这个目标。低收入家庭大学生在面对激烈的就业市场竞争时个人具备的能力与素质就显得尤为重要。因此，低收入家庭大学生更要积极主动地适应新时代的需求，注重自身就业能力的培养与就业素质的全面提高，调整就业观念，才能更好地把握就业主动权，做到职业生涯的良性发展。

7.1.2　注重就业能力提升，引导职业目标的确立

低收入家庭大学生要想提升就业能力，获得全面的职业生涯发展，首先就应该尽早地确立明确的职业目标，根据职业目标的设定有规划地展开大学生活。通过加强对职业意识的培养，促进对自身职业的认识。低收入家庭大学生在职业发展目标的确立方面意识相对薄弱，明确职业目标并做

出合理科学的职业生涯规划是保证低收入家庭大学生提升就业能力的关键因素。低收入家庭大学生要明确自己的职业目标，并对自己的各方面能力进行客观的分析，根据自己需要提升的能力或素质，制定相应的职业生涯规划。

低收入家庭大学生要想在择业、就业中脱颖而出，充分地展示自己的实力，关键还是要努力培养和提高自身的就业能力。这就要求低收入家庭大学生在校期间树立职业发展目标，努力提升自身的就业能力，端正学习态度，尽可能多地汲取和积累丰富的专业知识，强化就业能力的培养。低收入家庭大学生要充分把握专业素质提升和实践锻炼的机会，积极参与社会实践和专业素质拓展等活动，努力提高自身的就业能力，同时，也要关注积极健康的心理素质的培养，做到全面发展。

低收入家庭大学生的就业能力是衡量就业竞争力强弱的关键。因此，低收入家庭大学生们应把握在校期间的锻炼机会，积极地参加各项社团活动，通过参与活动充分锻炼自己的组织协调、表达及人际沟通等方面的能力，同时，也要通过专业训练及资格证书的获得努力提升专业能力。低收入家庭大学生要想通过努力改变命运，就要转变传统的职业价值观念，树立正确的就业观；激发自身努力奋斗的意识，努力提升自己各方面能力；适当地定位就业期待，不要过高，根据时代的需求调整自己的就业期望，在科学客观地评估自身的基础上，找到与之匹配的就业岗位；还要顺应职业变化趋势，创新就业观念，培养创业的职业意识。随着国家对大学生创业的大力支持，对于低收入家庭大学生而言，自主创业也是就业的重要渠道之一。低收入家庭大学生更要树立到基层、去农村就业的观念。从当前的就业发展趋势来看，随着农村经济的快速发展，就业市场对人才的需求量相比城市要更大，这无疑是低收入家庭大学生就业的一个重要渠道，到农村求职就业会有更大的发展空间。

7.2　高校就业支持方式变革建议

7.2.1　强化职业生涯教育，重视职业指导

7.2.1.1　以就业能力开发为导向，开展全程化的职业指导

以低收入家庭大学生就业能力提升为导向的全程化的职业指导，应该成为高校就业指导的发展方向。根据入学时低收入家庭大学生不同年级、不同需求设计和开展职业指导，在内容设计上分为自我认知、职业探索、就业启蒙、职业目标确立、职业素养培养、就业能力提升、求职技巧实训阶段。大一阶段开设针对自我认知、职业探索和就业启蒙的指导。由于低收入家庭大学生入学初期要适应大学的生活和学习环境，在这个阶段要注重对其认识自我、职业价值观、职业兴趣等方面的培养。对刚入学的低收入家庭大学生开展职业生涯规划课程，启发他们对职业的探索，增强对自我各方面能力的客观认识，调动能力提升的主动性，引导他们积极参与到职业规划任务中，这样才能保证就业指导工作的实效性和针对性。

职业指导应该贯穿于低收入家庭大学生的整个大学阶段，根据不同年级的发展差异性，设计不同的职业指导任务，开展有针对性的指导内容，从自我认识到职业探索，再到职业启蒙，以及职业素养和就业能力提升。低收入家庭大学生的职业指导工作是一项持续性工作，不仅仅是对毕业班的低收入家庭大学生开展就业指导，而是需要持续地从职业生涯发展的角度给予指导和帮助，特别是关注低收入家庭大学生就业能力的提升。针对低收入家庭大学生开展的认识自己的职业指导课程更是不容忽视，低收入家庭大学生因其成长的经历往往会造成对自我认识的偏差，因此，在职业指导中应该针对其实际问题，从能力、兴趣、价值观等方面帮助低收入家庭大学生重新认识自我，进而形成客观的自我评价。针对低收入家庭大学生职业探索的指导，不仅可以减少因为所知甚少对于自身所学专业对应就业的模糊性，也减轻了他们的不自信和不确定性。通过为低收入家庭大学生设计全程化的职业指导，以循循善诱的方式让他们懂得专业学习的重要性。

针对低收入家庭大学生开展职业指导不仅仅是帮助其找份工作和提高学校就业率，更是帮助低收入家庭大学生提高就业能力，稳定帮扶成果的过程。通过全程化的职业指导引导低收入家庭大学生积极开发自己潜能，探索职业世界，并提高就业能力。高校低收入家庭大学生正处于职业生涯发展周期的探索期，职业探索、自我认知、职业决策等，都对其职业生涯发展的下一环节产生重要的影响。因此，将职业指导贯穿于整个大学阶段，进行全程化的职业指导，有利于低收入家庭大学生职业生涯发展及就业能力的培养与提升。全程化的职业指导侧重于对低收入家庭大学生实施针对性强、实效性高的职业方案，将低收入家庭大学生融入整个教育过程中，转变传统的课程教学方式，引导和培养他们的自主学习能力、自我决策能力，提高就业能力，促进高质量的职业生涯发展。同时，全程化的职业指导还需要关注对低收入家庭大学生实际的就业需求，整合各方资源，将就业资源系统化，才能更好地为低收入家庭大学生提供职业指导服务。

　　高校应从人才培养的需求出发，将低收入家庭大学生的职业指导纳入学校教育教学规划中，给予足够的重视才能真正从长远性、稳定帮扶成果的角度做好低收入家庭大学生的职业指导，将低收入家庭大学生的职业指导作为学校人才培养的重要环节和组成部分，与稳定帮扶成果密切联系。高校开展低收入家庭大学生职业指导的内容既要全面化，又要有针对性，应符合低收入家庭大学生对职业发展的现实需求，包括自我认识、职业价值观、职业素养、就业政策法规、职业目标、职业规划、就业能力等方面的内容，使大学生通过整个大学阶段的学习，充分提升就业能力。同时，低收入家庭大学生的职业指导也要兼顾理论与实践相结合、个体内在与外部环境相结合、校内与社会相结合，全面开展职业指导工作，提升职业指导水平。职业指导的内容、方式等指导方案的设计要根据社会、招聘单位和低收入家庭大学生三者的实际需要进行动态调整，如模拟招聘、模拟面试、无领导小组讨论、试讲分析、角色扮演、项目学习等。可采取由学生和用人单位专家组成模拟招聘的形式，安排职业指导教师点评，促使低收入家庭大学生在求职应聘状态下，锻炼自己的应变和临场展示能力，反思和发现自身专业知识、就业能力等方面的不足和需要提升的方面。

　　还可以利用同学之间的榜样作用，促进低收入家庭大学生参看到与自身条件相同的同学的职业发展路径，帮助他们建立自信心，看到自己未来职业发展的可能性。通过高年级或已经毕业的优秀同学与低收入家庭大学生之间成功或失败经验的相互交流，促进在校的低收入家庭大学生在面对同样的学习及就业的困惑时，有所参照，进而达到自我指导、共同提高的目的。比如，在考研还是就业的困扰问题上，成功考研的同学把考研的感悟、经历等进行分享，顺利就业的同学将就业能力提升的途径、成功就业的经验等进行分享，这些来自同学的经验分享比传统的课程讲授的更有说服力和信服力，也非常有助于提升低收入家庭大学生的自我效能感和自我认知，从而将就业能力的提升规划为自己的学习目标。

7.2.1.2 转变就业指导方式，加强实践，以提高专业转化力

由于新时代对人才需要的不断演变，提高低收入家庭大学生的专业转化力是必然的职业发展路径。要想提高低收入家庭大学生的专业转化力，应结合具体所学专业课程及其职业定位给予针对性的指导。将专业发展趋势和市场的需求现状融入课程教学中，关注学生掌握专业知识的同时，也关注其专业知识的转化能力和创新能力的培养。除了常规性的教学安排，教师还可以通过课程理论知识的介绍和讲解，调动低收入家庭大学生参与到职业实践的模拟中，感受真实职场的工作环境，进而激发低收入家庭大学生学习专业知识的兴趣和积极性，引导他们关注自身就业能力的提升。高校应转变以往教师灌输式的教学方式，关注低收入家庭大学生能力的提升，促进低收入家庭大学生专业课程的学习，并将此转化为自己的就业能力。低收入家庭大学生专业知识的掌握程度及自身专业转化力的提升需要从多方面来进行，从学校获取的知识和专业技能是为成功的求职就业做准备，需要通过有效的实践以便更好地提高自身能力。

只有经过实践，低收入家庭大学生的理论知识才能得到进一步深化，就业能力才能得到进一步提升。社会实践是让理论和实践相联系的有效途径，培养学生的实践能力既有助于专业能力的提升，又可以增强自信心，从实践中领会理论，同时学以致用。另外，学校和企业能协同进一步探讨人才培养的供需关系，满足低收入家庭大学生的实际职业发展需求，进而提升低收入家庭大学生解决实际问题和实践的能力。为了更好地关注低收

入家庭大学生就业能力的提升，职业指导相关的建设既要关注专业发展的需要，也要关注未来职业发展的需求，尤其要关注低收入家庭大学生的特点，做到以学生的需求为主，这样才能够科学、有效地促进低收入家庭大学生就业能力的提升。高校应为低收入家庭大学生提供一个职业指导的平台，大学生依靠平台可以根据自己的职业发展目标和就业能力有规划地提高自身的能力。

高校要准确把握职业指导的关键环节，多方位设立切入点，开启多元化的职业指导模式，与用人单位的有效互动不要仅停留于学术报告，而要真正落实到与低收入家庭大学生职业经验的传授与从业心得的分享上，为其提供一个全面立体的职业指导体验。与此同时，积极为低收入家庭大学生提供差异化技能的实践机会，调整学生通识性课程安排，提高实习、实训基地的利用率，让低收入家庭大学生深入到企事业单位开展假期实习，使其可以更加全面地看到职业环境，深化职业认识，促进自身就业能力的提升。

7.2.2 优化就业指导体系，提升教师队伍建设

7.2.2.1 健全就业指导体系，提高就业指导效果

就业指导体系健全与否直接影响着就业指导工作能否有效开展。高校要结合低收入家庭大学生的就业指导形势的要求，将就业指导理念向管理、服务、指导三位一体的专业机构转变，要健全就业指导体系，完善学校与学院就业指导架构。在学校层面，要建立权威性的就业指导委员会，统筹全校的就业指导工作，制定全校的就业指导工作方案，协调就业指导工作各环节间的问题，考核学校及学院的就业指导工作，将低收入家庭大学生的就业指导工作提升到全校工作的重要地位，促进就业指导工作全程化的开展。同时，学院需要参与到低收入家庭大学生的就业指导工作中，融入整个学校的全程化的就业指导工作体系中。学院需要依据自身的培养目标和专业特点，明确就业指导工作的方向，明确就业指导的目标和具体措施。学院要充分利用优秀校友资源，邀请其返校与低收入家庭大学生交流工作心得体会，鼓励低收入家庭大学生树立职业发展目标，激励他们在

大学期间努力学习，提升就业能力。学院在开展低收入家庭大学生的就业指导工作时，要不断地反思学院的专业设置、培养方案、学生就业质量等相关问题，这个过程也可以促进学院的教学改革，从而能更好地完善低收入家庭大学生就业指导方案。

就业指导课程的设置在就业观念的培育方面还应加强，对低收入家庭大学生就业观念的引导尤为重要，对于他们在择业时表现出逃避或慢就业等现象，应该及时从就业观上引导其积极就业，不要耽误择业的最佳时机。在开展就业观念的培育工作时，应引导低收入家庭大学生树立正确的就业观念。同时，就业指导的开展形式可以采用拓展指导的方式，提升就业指导的效果。比如，适合低收入家庭大学生的方式有团体和个体咨询就业辅导。在开展团体就业辅导时，可将就业指导的关注问题以团体活动的方式设计到辅导方案中，让团体成员在参与团体活动的过程中体会和感受，进而达到就业指导的作用。除了团体辅导，也可以通过就业个体咨询的方式为低收入家庭大学生进行就业指导。由于低收入家庭大学生有不同的成长历程、不同的学习经历、不同的就业心理以及就业意向的差异等，因此要根据低收入家庭大学生的不同就业需求，针对就业方面的实际问题来为其进行就业指导，在自我效能感的提升、职业目标的确立、就业能力的提升等方面有针对性地开展个体化的就业指导，帮助他们达到共性与个性的协调发展，从而使就业指导达到理想的效果。在咨询人员不充足的情况下，也可以充分利用网络信息技术，开辟网上咨询平台来满足低收入家庭大学生就业咨询的需求，如在线咨询、就业论坛、就业服务等咨询平台；也可以通过网络、微信等途径回应低收入家庭大学生的就业咨询，为其开设在线就业指导绿色通道。

7.2.2.2　完善教师队伍建设，提升教师专业素养

就业指导教师队伍的建设对开展低收入家庭大学生的就业指导工作至关重要，因此，就业指导教师的专业素养及实践能力的培养和提高尤为重要，否则会影响对低收入家庭大学生的就业指导工作的开展。就业指导教师队伍建设既要包括专业性强的就业指导教师，还要充分利用校内外兼职的教师资源，让他们加入就业指导教师队伍中。完善就业指导教师队伍建

设，培养专职化的就业指导教师队伍，做到对国家、省市、行业就业政策全面掌握，对就业形势、市场需求及岗位要求全面掌握，制定校内适合低收入家庭大学生发展的就业政策，要具备长期从事就业指导工作的理论及专业背景。专职化的就业指导教师在时间和精力投入方面对低收入家庭大学生的指导会更深入，同时关于就业理论的研究、教学及就业指导培养方案的制定也会更专业。高校的辅导员是承担就业指导工作的主要成员，辅导员是与学生接触最密切，也是沟通最多的群体，他们在就业指导、就业咨询、职业规划等环节中发挥着重要作用。因此，要提升就业指导教师的专业素养，充分发挥其在就业指导中的作用。

为就业指导教师建立长期化、多样化、多渠道的专业素养的培养机制，定期开展就业培训，邀请知名专家和培训机构进行就业理论、就业指导技能的专业培训，积极拓展就业指导方式，开展就业咨询、就业实践技能、就业课程教学等内容的培训。为就业指导教师提供到用人单位实习实践的机会，了解就业岗位的现实要求，充分掌握就业市场的第一手资料，完善就业理论与指导实践的结合。同时，要充分将就业指导的内容融入思想政治教育的课程体系中，实现就业指导的普及性，帮助低收入家庭大学生形成科学合理的职业价值观，树立明晰的职业目标。

积极完善校外兼职就业指导教师队伍的建设，兼职就业指导教师队伍可以包括人力资源专家、企业家、就业培训师等，让其定期到校开展与各自职业领域相关的就业指导活动。校外兼职的就业指导教师更清楚就业市场的变化、用人单位的需求以及低收入家庭大学生的不足之处，通过有针对性的就业指导，能有效提升低收入家庭大学生的就业能力。同时还应充分利用校友资源，成功的校友是在校低收入家庭大学生学习的榜样，更是其职业发展的参考。校友在职业发展上成功或失败的经历都是丰富的资源，都能为低收入家庭大学生提供真实的职业发展经验。高校可为低收入家庭大学生搭建校友交流互动平台，邀请优秀校友分享其职业发展的经验，以此激励低收入家庭大学生努力学习，提升自身的就业能力。

7.3 社会就业支持方式转变建议

7.3.1 转变支持方式，注重能力提升

政府在就业帮扶政策制定和就业支持实施过程中要注重系统性和科学性。在就业政策制定时，应关注新时期的经济转型，依据低收入家庭大学生就业能力的情况，调整政策的支持内容，建立科学的支持体系。政府在制定就业支持政策时应关注用人单位、高校、低收入家庭大学生三方的互动关系，根据就业市场形势和职业环境来引导三方在就业能力培养和提升方面共同努力，为低收入家庭大学生形成正确的职业价值观和就业能力指明方向。

对于低收入家庭大学生的就业支持，高校应转变支持方式，把重心从外在的物质支持转变到关注能力提升的支持，促进低收入家庭大学生就业能力的提升。高校应制定相关的就业指导方案，提高专项就业资金支持，落实政策实施对象，完善针对低收入家庭大学生的就业政策措施，帮助其拓宽就业渠道，加强就业指导培训和服务，支持低收入家庭大学生灵活就业和自主创业。

低收入家庭大学生面对就业市场的激烈竞争，更需要具备较强的就业能力才能在就业竞争中实现高质量就业。大学生的就业能力已成为就业市场对人才选拔的重要评价指标，就业能力的高低体现了高校人才培养的质量，直接影响到低收入家庭大学生能否顺利就业。因此，培养和提高低收入家庭大学生的就业能力是社会和高校人才培养的重要任务之一，社会和高校有义务和责任为低收入家庭大学生制定符合其实际就业需要的就业指导方案，改进社会和高校就业支持方向，培养和提高低收入家庭大学生的就业能力，提高就业质量，满足低收入家庭大学生的就业需要。

7.3.2 注重支持的持续性，稳定帮扶成果

针对低收入家庭大学生的就业支持更要注重持续性，长期的给予其

就业支持，才能稳定帮扶成果，巩固现在取得的成效。要完善就业支持体系，建立就业指导全程化系统，保障就业支持的持续性。积极拓展就业支持方式，开展网络就业指导平台建设，促进低收入家庭大学生和用人单位之间的互动。强化就业支持的信息化网络建设，促进低收入家庭大学生网络一体化档案建设，将低收入家庭大学生的学业、活动、学籍、生源、职业规划、职业目标等有关信息建立"一生一档"的就业信息库，将就业支持贯穿于低收入家庭大学生整个大学期间。搭建用人单位和低收入家庭大学生之间的互动平台，将低收入家庭大学生关于求职的困惑、就业的需求等就业方面的问题在平台上进行及时沟通和交流，同时，将用人单位的岗位要求和岗位供需情况，通过平台传递给在校的低收入家庭大学生。

鼓励低收入家庭大学生积极参与课外实践活动，在活动中拓展对职业的认知，进而丰富职业经历，充分利用实习的机会将理论与实践相结合。搭建高校与企业共通的就业指导课堂，邀请各类企事业单位优秀员工为低收入家庭大学生开展专业知识和就业能力提升方面的就业指导，拉近用人单位与在校低收入家庭大学生之间的距离，使低收入家庭大学生能够直观地了解到岗位的用人要求，促使低收入家庭大学生清晰地认识自己，了解职业，明确自身的职业生涯规划的出发点和落脚点，确立更加贴近自身学业的职业目标，准确地提升自身欠缺的能力，以期待达到用人单位的要求。

通过高校与用人单位之间互动平台的搭建，促进对低收入家庭大学生职业生涯规划意识的培养，激发低收入家庭大学生就业能力提升的热情和参与求职就业的积极性。加强高校与企业之间合作，为低收入家庭大学生建立实习实践基地，实现"高校、企业、学生"三方共赢的就业支持体系。通过这种方式，促使低收入家庭大学生提早接触社会，了解用人单位对人才需求的标准，找准自身就业能力提升的方向。同时，建立高校与企业互动培养的就业支持模式，鼓励企业人员参与到高校相关专业课程的教学和培训中，从而提高人才培养的效果。

7.4 生涯社会支持体系构建的建议

7.4.1 搭建生涯社会支持平台，注重协同互动

为了更好地稳定帮扶成果，实现人才培养与精准就业帮扶的双向互动，应为低收入家庭大学生群体搭建生涯社会支持平台，建立高校、企业及社会的生涯社会支持体系，为培养低收入家庭大学生各方面的能力做好支持体系。高校在低收入家庭大学生的就业帮扶工作中，不仅要通过教育输出智慧，更应该从课堂延伸到基层，充分激发低收入家庭大学生的社会服务意识。

高校、企业与社会之间要密切合作，共同搭建服务低收入家庭大学生的生涯社会支持体系，拓展就业支持模式，充分利用三者彼此之间的优势资源，为低收入家庭大学生就业能力提升提供支持体系。高校通过了解企业对毕业生的要求，反馈给低收入家庭大学生具体需要提升哪些方面的就业能力，企业也可以给高校的人才培养提出合理化建议，社会要充分发挥宏观调控的作用，掌控全局，为低收入家庭大学生提升就业能力及顺利求职就业提供物质和政策支持。

在构建生涯社会支持体系的过程中充分吸纳社会、高校和企业支持主体的意见和建议，发挥主体各自不同的功能。企业保持和高校的紧密配合，构建校企之间的就业互动平台，同时为低收入家庭大学生提供岗位培训和实习实践的机会，从而提升低收入家庭大学生的就业能力。同时，校企合作还要在社会的宏观规范管理下进行，双方建立有利于低收入家庭大学生专业能力以及就业能力提升的就业指导平台。高校的就业指导模式多侧重理论教学，在实践应用教学方面相对缺失，致使其难以满足就业市场对人才的现实需求。实践锻炼的欠缺，致使低收入家庭大学生在问题解决和实践应用方面的能力较弱，因此，校企合作的就业互动平台对低收入家庭大学生就业能力的提升尤为关键。

高校应充分与用人单位建立沟通，尽量获取更多的就业方面的要求，让低收入家庭大学生对就业能力要求有所了解，如资格认证方面的资质、

计算机和英语的过级水平标准等。同时，为低收入家庭大学生设置专项的就业能力提升项目基金，调动低收入家庭大学生积极参与项目活动，让其参与到社会、企业和学校三方共同设立的就业课题中，在完成课题过程中体会和感受就业的重要性以及自身能力提升的关键性。高校还应充分利用学校与社会的就业支持资源，在完善高校就业教育和人才培养的同时，充分发挥社会的教育作用，积极利用社会就业支持资源开展就业调研、就业创业实践、社会与高校的科研合作等社会就业实践活动，让低收入家庭大学生在社会就业支持环境中体会真实的社会需求和职场环境。高校的就业指导要紧跟社会经济形势的变化，随时与用人单位的招聘岗位要求相结合，使就业指导的内容和形式紧跟社会对人才需求的变化。

7.4.2　加强反馈机制建设，构建科学评价指标体系

加强就业指导评价指标体系的建设，建立就业评价反馈机制，及时调整和优化对低收入家庭大学生的就业指导工作，提升就业指导效果。高校对低收入家庭大学生的就业指导是项长期、系统的就业帮扶工作，与学校、社会和企业的需求、低收入家庭大学生的需求密不可分，同时也与新时代经济发展和国家就业政策的联系非常紧密，所以学校在开展低收入家庭大学生的就业指导工作时，要充分考虑多方面的影响因素，根据就业质量和社会评价的反馈信息，及时调整就业指导方式和人才培养目标，从而与市场需求相匹配。通过就业反馈机制的建设，可以有效维系高校与低收入家庭大学生和用人单位三者间的良性互动关系，增强低收入家庭大学生以及用人单位对高校培养人才的信任感。

学校要从就业指导反馈机制的内容及形式等方面来完善，发挥就业指导反馈的作用。在就业指导反馈内容方面，随着社会的发展，针对低收入家庭大学生就业指导的理念、内容都发生了巨大的变化，因此，就业指导反馈的内容要考虑就业指导工作的全面性及特殊性的特点，建立专项的就业指导反馈调查机构、就业质量调查平台，设置就业专项经费，保障低收入家庭大学生就业指导反馈机制充分地发挥作用。同时，要保证就业指导教师队伍的专业化，加强就业指导教师队伍建设。严格考核制度，对就业指导教师队伍要按专业教师的考核标准来评价，以此提升其专业素养和

职业水平。同时，在就业指导反馈形式方面，应关注低收入家庭大学生群体发展的特征，针对不同的低收入家庭大学生进行个性化的就业指导与咨询。就业指导工作的开展要基于低收入家庭大学生职业发展的不同需要，开展有针对性的就业指导与咨询，进行个性化的就业指导评价，不拘泥于传统的就业指导课程的形式，拓展就业指导方式，采取多种方式，如幕课、学生活动、就业比赛等多种形式，从而达到高质量的指导效果。

参考文献

[1] (印) Amartya Sen. 以自由看待发展 [M]. 任赜, 于真译. 北京: 中国人民大学出版, 2009: 87.

[2] Baglama B, Uzunboylu H. The relationship between career decision making self-efficacy and vocational outcome expectations of preservice special education teachers [J]. South African Journal of Education, 2017, 37(4).

[3] Bandura A, Adams N E. Analysis of self-efficacy theory of behavioral change [J]. Cognitive Therapy & Research, 1977, 1(4).

[4] Bandura. A self-efficacy: toward a unifying theory of behavior change [J]. Psychological Review, 1977(84).

[5] Boden R, Nedeva M. Employing discourse: universities and graduate, employability [J]. Journal of Education Policy, 2010, 25(1).

[6] Bright J E H, et al. The Role of Social Context and Serendipitous Events in Career Decision Making. International Journal for Educational and Vocational Guidance, 2005(5).

[7] Brown C, George-Curran R, Smith M L. The role of emotional intelligence in the career commitment and decision-making process [J]. Journal of Career Assessment, 2003(4).

[8] Burga R, Leblanc J, Rezania D. Exploring student perceptions of their readiness for project work: utilizing social cognitive career theory [J]. Project Manage , 2020(12).

[9] Caesens G, Stinglhamber F. The relationship between perceived organizational support and work engagement: the role of self-effcacy and

its outcomes [J]. Eur. Rev. Appl. Psychol. , 2014 (64).

[10] Chan C C. The relationship among social support, career beliefs, career self-efficacy, and career development of college athletes (Unpublished doctoral dissertation) [M]. Taipei: National Taiwan Normal University, 2013.

[11] Confederation of British Industry. Future Fit: Preparing Graduates for the World of Work [M]. London: Confederation of British Industry, 2009.

[12] Côté S, Saks A M, Zikic J. Trait affect and job search outcomes [J] Journal of Vocational Behavior, 2006 (68).

[13] Cupani M, de Minzi M C R, Pérez E R, et al. An assessment of a social-cognitive model of academic performance in mathematics in Argentinean middle school students [J]. Learn Individ. Differ, 2010 (18).

[14] De Vos A, De Hauw S, Van der Heijden B I. Competency development and career success: the mediating role of employability [J]. Vocat. Behav, 2011 (79).

[15] Dixon S K, et al. Depression and College Stress among University Undergraduates: Do Mattering and Self-esteem Make a Difference? [J]. Journal of College Student Development, 2008 (49).

[16] Donald W E, Baruch Y, Ashleigh M. The undergraduate self-perception of employability: human capital, careers advice, and career ownership [J]. Student Higher Education, 2019 (44).

[17] Duffy R D, Bott E M, Allan B A, Autin K L. Exploring the role of work volition within social cognitive career theory [J]. Career Assessment , 2014 (22).

[18] Eime A, Bohndick C. How individual experiential backgrounds are related to the development of employability among university students [J]. Journal of Teaching and Learning for Graduate Employability, 2021, 12 (2).

[19] Fallows S, Steven C. Building Employability Skills in to the Higher Education Curriculum: AUniversity-Wide Initiative [J]. Education &

Training, 2000 (42).

[20] Feintuch A. Improving the Employability and Attitudes of "Difficult to Place" Persons [J]. Psychological Monographs, 1955 (7).

[21] Flores L Y, Navarro R L, Ali S R. The state of SCCT research in relation to social class: future directions [J]. Journal of Career Assessment, 2016 (25).

[22] Fugate M, Kinicki A J, Ashforth B E. Employability: a psychosocial construct, its dimensions, and applications [J]. Vocat. Behav. , 2004 (23).

[23] Gati I, Asher I. The PIC model for career decision making: Prescreening, in-depth exploration, and choice. Contemporary models in vocational psychology: A volume in honor of Samuel H [J]. Osipow, 2001, 54 (s 6).

[24] Gbadamosi G, Evans C, Richardson M, Ridolfo M. Employability and students' part-time work in the UK: Does self-efficacy and career aspiration matter? [J]. British Educational Research Journal, 2015, 41 (6).

[25] Harvey L. Defining and measuring employability [J]. Quality in Higher Education, 2001, 7 (2).

[26] Harvey Lee. Defining and Measuring Employability [J]. Quality in Higher Education, 2010 (2).

[27] Haslerig S J, Navarro K M. Aligning athletes' career choices and graduate degree pathways: Implications for 21st-century career development professionals [J]. Journal of Career Development, 2016 (43).

[28] Hou C N, Wu L, Liu Z J. Parental Emotional Warmth and Career Decision-Making Difficulties: A Model of Intellectual-Cultural Orientation and Conscientiousness [J]. Social Behavior and Personality, 2013 (8).

[29] Jane O' laery. What we can infer from Australian Graduate Employment

Statistics: The discrepancy between employers' Expectations and Graduate Performance [J]. Quality in Higher Education, 1997.

[30] Jiang Z, Wang Z, Jing X, et al. Coreself-evaluation: linking career social support to life satisfaction [J]. Personality and Individual Differences, 2017 (112).

[31] Kanfer R, Wanberg C R, Kantrowitz T M. Job search and employment: A personality–motivational analysis and meta-analytic review [J]. Journal of Applied psychology, 2001, 86 (5).

[32] Kaplan A, Maehr M L. The contributions and prospects of goal orientation theory [J]. Educational Psychology Review, 2007 (2).

[33] Kariene Mittendorff et al. Students' perceptions of career conversations with their teachers [J]. Teaching and Teacher Education, 2011 (27).

[34] Keams. Generic skills for the new economy [J]. NCVER Majumdar, 2001 (12).

[35] Kim H S, Park I J. Influence of Proactive Personality on Career Self-Efficacy [J]. Journal of Employment Counseling, 2017 (4).

[36] Kiomars Mohamadi. Impact of social capital on job satisfaction and quality outcomes [J]. Annual Review of Sociology, 2013 (24).

[37] Knight P, Yorke M. The Undergraduate Curriculum and Employability [J]. Routledge Falmer, 2004 (5).

[38] Lakey B, Cassady P B. Cognitive processes in perceived social support [J]. Educational Studies, 1990 (59).

[39] Lam M. , Santos A. The Impact of a College Career Intervention Program on Career Decision Self-Efficacy, Career Indecision, and Decision-Making Difficulties [J]. Journal of Career Assessment, 2018, 26 (3).

[40] Lan D, Puri A, Rajan A. Employ ability: Bridging the Gap Between Rhetoric and Reality. Second Report: Employee's Perspective [J]. Create Professional Development Foundation, 2000 (3).

[41] Lau H H, Hsu H Y, Acosta S, Hsu T L. Impact of participation in

extra-curricular activities during college on graduate employability:
An empirical study of graduates of Taiwanese business schools[J].
Educational Studies, 2014, 40（1）.

[42] Len R W, Brown S D, Hackett G. Toward a unifying social cognitive
theory of career and academic interest, choice, and performance[J].
Journal of Vocational Behavior, 1994（45）.

[43] Lent R W, Brown S D. Integrating person and situation perspectives on
work satisfaction: a social-cognitive view[J]. Vocat. Behav. , 2006（69）.

[44] Liu W, Li Z, Ling Y, Cai T. Core self-evaluations and coping styles as
mediators between social support and well-being[J]. Personality &
Individual Differences, 2016（88）.

[45] Locke E A, Latham G P. Work motivation and satisfaction: Light at the
end of the tunnel[J]. Psychological Science, 1990, 1（4）.

[46] Luzzo D A, Funk D P, Strang J. Attributional retraining increases career
decision - making self - efficacy[J]. Career Development Quarterly,
1996, 44（4）.

[47] Mcauliffe G J. Assessing and changing career decision-making self-
efficacy expectations[J]. Journal of Career Development, 1992, 19（1）.

[48] Meeu Wim. Occupational identity development, school performance,
and social supporting adolescence[J]. Adolescence, 1993, 28（112）.

[49] Melguizo T, Sanchez F, Velasco T. Credit for low-income students and
access to and academic performance in higher education in Colombia: A
regression discontinuity approach[J]. World Development, 2016（12）.

[50] Michael Mumper. Removing college price barriers: what government
has done and why it hasn't worked [M]. New York: State University of
New York Press, 2012.

[51] Millard L. Students as colleagues: The impact of working on campus on
students and their attitudes towards the university experience[J]. The
Journal of Teaching and Learning for Graduate Employability, 2020, 11（1）.

[52] Norris F H, Kaniasty K. Received and perceived social support in times

of stress: a test of the social support deterioration deterrence model[J].
Journal of Personality and Social Psychology, 1996(71).

[53] O'Brien K M, Bikos L H, Epstein K L, et al. Enhancing the career decision-making self-efficacy of upward bound students[J]. Journal of Career Development, 2000, 26(4).

[54] Pan Y-J, Lee L-S. Academic performance and perceived employ ability of graduate students in business and management——an analysis of nationwide graduate destination survey[J]. Procedia Soc. Behav. Sci. , 2011(25).

[55] Parker S K, Williams H M, Turner N. Modeling the antecedents of proactive behavior at work[J]. Appl. Psychol, 2006(91).

[56] Peng M Y P, Sheng-Hwa T, Han-Yu W. The impact of professors' transformational leadership on university students' employability development based on social cognitive career theory[C]. in Proceedings of the 2nd International Conference on Education and Multimedia Technology , 2018.

[57] Richard Zinser. Developing career and employability skills: a US case study[J]. Education& Training, 2003, 45(7).

[58] Righy K. Are There Behavioral Implications Attitudes to Authority?[J]. High School Journal, 1985(68).

[59] Shahzad M, Qu Y, Ur Rehman S, et al. Impact of knowledge absorptive capacity on corporate sustainability with mediating role of CSR: analysis from the Asian context[J]. Environ. Plann. Manag. , 2020(15).

[60] Sin C, Tavares O, Amaral A. Accepting employability as a purpose of higher education? Academics' perceptions and practices[J]. Stud. Higher Educ. , 2019(18).

[61] Stumpf S A, Colarelli S M, Hartman K. Development of the career exploration survey(CES) [J]. Journal of Vocational Behavior, 1983, 22(2).

[62] Sullivan K R, Mahalik J R. Increasing career self-efficacy for women: evaluating a group intervention[J]. Journal of Counseling &

Development, 2000, 78(1).

[63] Super D E. A life-span, life-space approach to career development. In D. Brown, L. Brooks, &Associates (Eds.), Career choice and development: Applying contemporary theories to practice [M]. San Francisco: Jossey-Bass, 1990.

[64] Taylo K M, Popma J. An examination of the relationship among career decision-making self-efficacy, career salience, locus of control, and vocational decisions [J]. Journal of Vocational Behavior, 1990(37).

[65] Taylor K M. , Betz N E. Applications of self-efficacy theory to the Understanding and treatment of career indecision [J]. Journal of Vocational Behavior, 1983(22).

[66] Tony Becher, Maurice, Kogan. Process and Structure in Higher Education [M]. London: Routledge, 1992.

[67] Usher A. Are the Poor Needy? Are the Needy Poor? The Distribution of Student Loans and Grants by Family Income Quartile in Canada [J]. Online Submission, 2004(19).

[68] Vermeulen B, Kesselhut J, Pyka A, Saviotti P P. The impact of automation on employment: just the usual structural change? [J]. Sustainability, 2018(10).

[69] Wanberg R C, Hough L M, Song Z. Predictive validity of a multidisciplinary model of reemployment success [J]. Journal of Applied Psychology, 2002(87).

[70] Watts A G, Super D E, Kid J M. Career development in Britain [M]. Cambrige: Hobson's Press. 1981.

[71] Zhao W X, Peng Y P, Liu F. Cross-cultural differences in adopting social cognitive career theory at student employability in pls-sem: the mediating roles of self-efficacy and deep approach to learning [J]. Frontiers in Psychology, 2021(12).

[72] Zinser R. Developing Career and Employability Skills: A US Case Study [J]. Education &Training, 2003(45).

[73] 白华. 从二元组合到三位一体——高校贫困生认定的新视角[J]. 社会科学家, 2012(07).

[74] 柏丽华. 高校贫困生就业难的原因及对策[J]. 继续教育研究, 2011(09).

[75] 鲍威, 陈亚晓. 经济资助方式对农村第一代大学生学业发展的影响[J]. 北京大学教育评论, 2015(2).

[76] 蔡昉. 提升教育质和量 加快人力资本积累[N]. 中国劳动保障报, 2018-05-05(003).

[77] 蔡红霞. 硕士研究生职业决策自我效能感的特点、影响因素及其干预研究[D]. 大连: 辽宁师范大学, 2010.

[78] 蔡妍. 大学生职业同一性与社会支持、一般自我效能感的关系研究[D]. 武汉: 湖北大学, 2013.

[79] 曹瑜, 郭立萍, 贾月亮等. 大学生人格影响因素的分析及完善其人格培养的对策[J]. 思想政治教育研究, 2017(01).

[80] 柴葳. 教育是最根本的精准扶贫——党中央国务院强力推进教育扶贫工作综述[N]. 中国教育报, 2016-03-03(1).

[81] 陈爱娟. 当代贫困大学生的就业心理问题及对策[J]. 华东经济管理, 2012, 26(08).

[82] 陈宝生. 进一步加强学生资助工作[N]. 人民日报, 2018-03-01(13).

[83] 陈军, 周少贤. 家庭经济状况对大学生心理健康的影响[J]. 中国青年政治学院学报, 2012(4).

[84] 陈么元. 贫困大学生个人目标与主观幸福感的关系[J]. 心理学探新, 2020(8).

[85] 陈敏, 王露. 地方应用型高校贫困大学生职业生涯教育探索——以黄淮学院为例[J]. 西部素质教育, 2017(24).

[86] 陈向明. 如何在行动中做质的研究[M]. 北京: 教育科学出版社, 2002.

[87] 程刚, 张大均. 家庭社会经济地位对大学新生抑郁情绪的影响: 有调节的中介模型[J]. 心理与行为研究, 2018, 16(002).

[88] 程利娜. 贫困大学生就业能力研究——以地方本科高校为例[J]. 西安交通大学学报(社会科学版), 2016(5).

[89]程明,钱力,吴波."后扶贫时代"返贫治理问题研究[J].重庆理工大学学报(社会科学版),2020(3).

[90]程玮,许锦民.大学生就业能力与就业质量的关系研究[J].教育与职业,2016(18).

[91]程玮.大学生就业能力及其提升实证研究——基于全国64所高校的有效样本分析[J].高教探索,2017(7).

[92]代蕊华,于璇.教育精准扶贫:困境与治理路径[J].教育发展研究,2017(7).

[93]党辉.大学生就业帮扶机制研究[J].价值工程,2013(11).

[94]丁桂兰,周艳华.高校贫困生认定的现实困境与对策思考[J].教育与职业,2010(26).

[95]丁明秀.高校贫困生认定工作的实践难题与对策[J].教育与职业,2013(26).

[96]丁胜利,邓洪洁,吴刚.外源式扶贫背景下农户脱贫的内在动力研究[J].湖北经济学院学报,2017(05).

[97]董晓绒.新形势下提升高校贫困生就业能力的新思路[J].中国成人教育,2016(14).

[98]杜凌云.高中生领悟社会支持及其与归因风格、一般自我效能感的关系研究[D].金华:浙江师范大学,2012.

[99]方清云.贫困文化理论对文化扶贫的启示及对策建议[J].广西民族研究,2012(04).

[100]傅俏俏,叶宝娟.贫困大学生职业生涯团体辅导的干预研究[J].牡丹江师范学院学报(哲学社会科学版),2016(03).

[101]甘英,韦丽.大学生一体化就业帮扶体系的构建探析[J].钦州学院学报,2014(5).

[102]高山川,孙时进.社会认知职业理论:研究进展及应用[J].心理科学,2005(28).

[103]葛昕明.社会支持视域下的独立学院贫困生就业扶助[J].黑龙江高教研究,2018(1).

[104]葛志军,邢成举.精准扶贫:内涵、实践困境及其原因阐释——基于宁

夏银川两个村庄的调查[J].贵州社会科学, 2015(5).

[105] 公衍勇. 关于精准扶贫的研究综述[J]. 山东农业工程学院学报, 2015 (03).

[106] 龚宇平. 大学生生涯规划团体辅导新论[J]. 教育评论, 2013(03).

[107] 古继宝, 吴蔚, 彭莉君. 职业目标对工程硕士研究生实习效果及就业能力的影响[J]. 学位与研究生教育, 2016(7).

[108] 顾雪英. 当代大学生职业生涯规划[M]. 北京: 高等教育出版社, 2011.

[109] 郭丛斌, 闵维方. 中国城镇居民教育与收入代际流动的关系研究[J]. 教育研究, 2007(5).

[110] 郭建如, 邓峰. 院校培养、企业顶岗与高职生就业能力增强[J]. 高等教育研究, 2014(04).

[111] 郭利华. 以金融扶贫推动贫困人口的能力建设[N]. 光明日报, 2016-11-15.

[112] 郭薇, 简福平, 陈旭. 高校家庭经济困难学生的就业心理状况分析及教育对策[J]. 思想理论教育导刊, 2011(10).

[113] 郭云贵. 我国高校贫困生就业帮扶政策分析[J]. 学术交流, 2013(10).

[114] 国务院办公厅. 国务院办公厅转发教育部等部门关于实施教育扶贫工程意见的通知[Z]. 2013-7-29.

[115] 韩玉萍, 张蓝月, 叶海英等. 基于USEM模型的大学生就业能力评价与提升策略探究[J]. 学校党建与思想教育, 2016(3).

[116] 杭承政, 胡鞍钢. "精神贫困"现象的实质是个体失灵——来自行为科学的视角[J]. 国家行政学院学报, 2017(04).

[117] 何爱霞, 孙纪磊. 继续教育阻断农村贫困代际传递的作用机理及发展路径[J]. 现代远程教育研究, 2021, 33(03).

[118] 侯志瑾. 大学生生涯社会支持量表的编制[J]. 中国临床心理学杂志, 2010(8).

[119] 胡芬玲. 自我效能感的归因理论在教学中的应用[C]. 北京市高等教育学会2007年学术年会论文集(下册), 2008.

[120] 胡光辉. 扶贫先扶志, 扶贫必扶智——谈谈如何深入推进脱贫攻坚工作[N]. 人民日报, 2017-01-23(16).

[121]黄金玉.大学生就业能力模型的建构与验证[D].苏州:苏州大学,2014.

[122]黄璐琳.六盘水市贫困人口内生性脱贫动力提升策略研究[D].贵州:贵州大学,2019.

[123]黄一岚,吴剑.大学生就业困难群体的特征及帮扶策略[J].教育评论,2013(4).

[124]黄志丹.广东省高职院校贫困大学生就业帮扶问题研究[D].南昌:江西财经大学,2019.

[125]纪晓明,陈健.团体辅导对二本院校贫困生职业生涯规划的干预研究——以金陵科技学院为例[J].教育教学论坛,2018(02).

[126]江林强,李咏,裴傲秋.高等医学院校贫困生就业问题研究[J].山西财经大学学报,2011,33(S3).

[127]蒋和胜,李小瑜,田永.阻断返贫的长效机制研究[J].吉林大学社会科学学报,2020(6).

[128]蒋家宁.家庭经济困难大学生就业帮扶体系的构建[J].统计与管理,2016(10).

[129]蒋君毅.家庭经济困难大学生就业能力现状及提升路径[J].教育与职业,2016(24).

[130]郎东鹏等.大学生职业生涯发展与规划[M].武汉:华中师范大学出版社,2009.

[131]李红,李夏妍.短程内观疗法提高大学生领悟社会支持的研究[J].黑龙江高教研究,2013(2).

[132]李晶,辛呈凤,俞国良.大学生职业决策自我效能的元分析[J].应用心理学,2016,22(01).

[133]李丽.就业力的内涵、结构及对大学生就业的影响研究[D].济南:山东财经大学,2012.

[134]李全利.贫困农户脱贫主体性不足的发生逻辑[J].华南农业大学学报(社会科学版),2019(04).

[135]李若岩.疫情防控常态下大学生就业信息新媒体推送的理念与类型[J].中国高等教育,2020(9).

[136] 李飒飒. 有限理性视域下的大学生就业误区与消解对策 [J]. 江苏高教, 2017 (2).

[137] 李晓明. 贫困代际传递理论述评 [J]. 广西青年干部学院学报, 2006 (2).

[138] 李兴洲. 公平正义: 教育扶贫的价值追求 [J]. 教育研究, 2017, 38 (03).

[139] 李妍鑫. 青年期自我同一性、生涯社会支持对职业成熟度的影响研究 [D]. 西安: 陕西师范大学, 2012.

[140] 李长安. 经济新常态下我国的就业形势与政策选择 [J]. 中国培训, 2017 (20).

[141] 励骅, 曹杏田. 大学生心理资本与就业能力关系研究 [J]. 中国高教研究, 2011 (03).

[142] 连伟利. 留守初中生领悟社会支持与主观幸福感的关系研究 [D]. 重庆: 西南大学, 2009.

[143] 联合国教科文组织. 教学与学习——全民教育全球监测报告2013—2014 [M]. 北京: 教育科学出版社, 2014.

[144] 梁伟军, 谢若扬. 能力贫困视阈下的扶贫移民可持续脱贫能力建设研究 [J]. 华中农业大学学报 (社会科学版), 2019 (04).

[145] 梁雅丽, 姚应水, 石玮等. 贫困大学新生心理健康与社会支持应对方式的关系 [J]. 中国学校卫生, 2013, 034 (006).

[146] 林生. 建立高校贫困大学生高质量就业体系的探索 [J]. 福州大学学报 (哲学社会科学版), 2012 (05).

[147] 凌霄, 柳珺珺, 江光荣. 团体辅导对贫困大学生自尊水平、成就动机的干预过程与效果 [J]. 中国心理卫生杂志, 2013 (02).

[148] 刘琛琳, 张博坚. 未来工作自我、求职目标清晰度与求职行为: 环境支持与环境阻碍的调节作用 [J]. 中国人力资源开发, 2017 (9).

[149] 刘桂芬. 积极心理学视域下贫困大学生心理弹性问题研究 [J]. 学术论坛, 2011, 34 (04).

[150] 刘丽玲, 吴娇. 大学生就业能力研究——基于对管理类和经济学类大学毕业生的调查 [J]. 教育研究, 2010 (3).

[151] 刘林林, 叶宝娟, 方小婷等. 心理资本与大学生就业能力的关系: 同伴支持的中介作用与调节作用 [J]. 中国临床心理学杂志, 2017 (03).

[152]刘齐. 习近平教育公平思想的形成与实践[J]. 现代教育管理, 2019（01）.

[153]刘振洋. 高校贫困生心理问题分析及解决对策——以哈尔滨理工大学为例.[J].思想政治教育研究, 2014（6）.

[154]刘志明. 施恩的职业锚理论[M]. 北京: 中国劳动社会保障出版社, 2007.

[155]罗莹. 当代大学生就业能力与就业质量的关系研究[J]. 中国青年研究, 2014（9）.

[156]罗峥, 方平, 付俊杰等. 大学生就业能力的结构初探[J]. 心理学探新, 2010（1）.

[157]吕效华. 阶层固化视角下教育对青年发展的影响[J]. 中国青年研究, 2013（6）.

[158]吕延明. 高校贫困生存在的心理问题及对策[J]. 教育探索, 2011（11）.

[159]马建新. 高校贫困生就业焦虑的现状及对策[J]. 教育与职业, 2014（29）.

[160]马素红. 在校硕士生的社会支持度及其与孤独感的关系[J]. 中国健康心理学杂志, 2014（3）.

[161]马亚静, 杨长锁, 刘颖. 大学生职业生涯教育中团体辅导的作用研究[J]. 中国职业技术教育, 2007（30）.

[162]毛晓华. 我国贫困大学生资助体系的完善[J]. 湖北社会科学, 2011（06）.

[163]孟德洋. 贫困大学生应对方式、心理健康特点及其关系[D]. 济南: 山东师范大学, 2008.

[164]孟国忠. 社会支持视域下贫困大学生发展型资助体系的构建[J]. 中国成人教育, 2017（15）.

[165]孟微. 高职学生职业决策自我效能感的特点及干预研究——以盘锦职业技术学院为例[D]. 大连: 辽宁师范大学, 2012.

[166]孟云云, 王峰, 孙玲. 大学毕业生就业能力与就业质量的关系研究——以徐州工程学院2013届毕业生为例[J]. 高校辅导员学刊, 2013（27）.

[167]莫世亮. 高校贫困生资助政策执行满意度研究——基于浙江省14所高

校的调查[J].浙江师范大学学报（社会科学版），2014（3）.

[168]莫小枚.社会工作小组模式介入贫困生职业生涯规划的应用研究[D].南京:南京理工大学，2013.

[169]聂惠.基于伦理学视角的高校贫困生认定问题研究[J].教育探索，2011（11）.

[170]聂静，宇宙锋.论职业目标明确的重要性[J].辽宁经济职业技术学院学报，2010（8）.

[171]潘星宇，卢盛峰.阻断居民贫困代际传递:基层政府支出政策更有效吗?[J].上海财经大学学报，2018，20（01）.

[172]彭凌.高校贫困大学生学习动机培养初探[D].重庆:西南大学，2011.

[173]彭永新，龙立荣.大学生职业决策自我效能测评的研究[J].应用心理学，2001（2）.

[174]乔心阳，武灵芝.心理学视角下高校贫困生就业心理素质的有效提升[J].教育与职业，2015（11）.

[175]曲海燕.关于贫困人口自我发展能力的探析——概述、现状及建议[J].现代管理科学，2018（10）.

[176]曲垠姣，岳昌君，纪效珲.大学生经济资助对就业质量的影响研究[J].清华大学教育研究，2018（1）.

[177]全国学生资助管理中心.2018年中国学生资助发展报告[N].人民政协报，2019-03-07.

[178]沈漪文.基于能力框架的HRST能力建设研究[D].杭州:浙江大学，2009.

[179]施炜.产业转型升级下高校提升大学生就业能力模型研究[J].江苏高教，2016（1）.

[180]史志乐.教育扶贫与社会分层:兼论阻断贫困代际传递的可能性[J].教育理论与实践，2019（04）.

[181]世界银行.2013年世界发展报告:就业[M].北京:清华大学出版社，2013.

[182]宋镇修，王雅林.农村社会学[M].哈尔滨:黑龙江教育出版社，1993.

[183]苏芳，刘钰，李彬.后脱贫时代教育扶贫长效机制构建的探讨[J].武汉

科技大学学报(社会科学版), 2021 (02).

[184] 隋玉杰, 杨静. 个案工作 [M]. 北京: 中国人民大学出版社, 2007.

[185] 孙菲. 以就业为导向的高校音乐专业教育课程教学改革创新 [J]. 北方音乐, 2017 (13).

[186] 孙桂君. 关于贫困大学生心理健康教育的几点思考 [J]. 教育探索, 2010 (02).

[187] 孙颖慧. 加强人力资源管理, 吸引大学生到基层工作 [J]. 中国农业会计, 2018 (09).

[188] 唐师平. 教育公平视角下高校贫困生资助体系的问题与对策 [J]. 教育与职业, 2015 (23).

[189] 田甜, 冯帆, 左停. 我国农村人口的就业概况及性别代际差异研究——基于2016年全国22省1095份调查数据 [J]. 华东经济管理, 2018, 32 (09).

[190] 汪铎. 就业能力: 促进高校毕业生就业的重要方面 [J]. 教育发展研究, 2005 (4).

[191] 王红雨, 闫广芬. 高学历贫困毕业生与非贫困毕业生就业质量的比较研究——以京津冀地区研究型大学学术型硕士毕业生自我评价为中心的调查 [J]. 高教探索, 2021 (05).

[192] 王洁. 贫困大学生就业能力研究 [J]. 教育与职业, 2015 (9).

[193] 王金良. 职业决策自我效能的实验 [J]. 中国心理学会发展心理学专业委员会、中国心理学会教育心理学委员会二〇〇六年度学术年会论文摘要集, 2006 (12).

[194] 王树智, 闫广芬. 心理资本视角下高职院校贫困生就业能力影响研究 [J]. 职业技术教育, 2019 (15).

[195] 王思斌. 精准扶贫的社会工作参与——兼论实践型精准扶贫 [J]. 社会工作, 2016 (03).

[196] 王涛. 家庭经济困难大学生的就业能力提升 [J]. 教育与职业, 2014 (32).

[197] 王苇. 大学生就业能力对就业质量的影响. [J]. 智库时代, 2017 (114).

[198] 王焰新. 构建高校助力脱贫攻坚的长效机制 [J]. 中国高等教育, 2020

(21).

[199] 王奕冉. 积极团体心理辅导对贫困大学生就业能力和心理韧性的干预效果 [J]. 教育与职业, 2016 (18).

[200] 王颖. 基于高等教育影响的个人就业能力研究 [D]. 大连: 大连理工大学, 2006.

[201] 王雨柔. 后脱贫期农村贫困群体脱贫能力问题研究——基于能力视角思考 [D]. 大庆: 东北石油大学, 2020.

[202] 王志刚. 西部高校贫困大学生就业问题研究 [J]. 中国成人教育, 2009 (12).

[203] 吴朝文, 代劲, 孙延楠. 大数据环境下高校贫困生精准资助模式初探 [J]. 黑龙江高教研究, 2016 (12).

[204] 吴理财. 论贫困文化 [J]. 社会, 2001 (8).

[205] 吴晓燕. 大学生生涯社会支持、核心自我评价与职业决策困难的关系研究 [D]. 南京: 南京师范大学, 2015.

[206] 吴迎先. 就业扶贫在精准脱贫攻坚中的作用分析 [J]. 人才资源开发, 2016 (20).

[207] 伍敏, 王琛. 铁路工程专业大学生职业心理素质现状研究 [J]. 西南民族大学学报 (人文社会科学版), 2012, 33 (S2).

[208] 向延平. 教育贫困代际传递与阻断: 教育精准扶贫路径选择 [J]. 当代教育论坛, 2018 (03).

[209] 谢义忠, 卢海陵. 就业能力、求职行为对应届大学毕业生求职结果影响的追踪研究 [J]. 管理评论, 2016 (28).

[210] 新华网. 中共中央关于坚持和完善中国特色社会主义制度推进国家治理体系和治理能力现代化若干重大问题的决定 [EB/OL].

[211] 徐超, 杨顺起, 马永旭. 残疾大学生就业能力与就业结果的关系研究 [J]. 中国特殊教育, 2015 (9).

[212] 徐焕章, 杨仕羽, 徐雪珉等. 基于"精准扶贫"的高校贫困资助政策执行情况调查——以西北地区某省为例 [J]. 西安财经学院学报, 2019, 32 (02).

[213] 阎国良. 大学生社会支持及其与自我同一性的关系 [J]. 吉林省教育学

院学报(上旬), 2013(2).

[214]杨娟娟. 精准扶贫视角下十堰市就业扶贫问题研究[D]. 武汉: 华中科技大学, 2019.

[215]杨龙, 李萌, 汪三贵. 我国贫困瞄准政策的表达与实践[J]. 农村经济, 2015(01).

[216]杨晰策. 论我国大学生就业能力结构及对就业结果的影响[J]. 继续教育研究, 2017(226).

[217]杨晓峰. 大学生社会支持、核心自我评价与主观幸福感的关系研究[J]. 中国特殊教育, 2009(12): 83-89.

[218]杨亚辉. 教育扶贫是高校义不容辞的责任——访全国政协委员、华中师范大学党委书记马敏[J]. 中国高等教育, 2017, (3).

[219]姚鲲鹏, 赵芸. 广西贫困大学生心理复原力现状及对策研究[J]. 广西社会科学, 2016(08).

[220]姚薇. 中西方青年志愿者大型活动参与动机比较研究[J]. 中国青年研究, 2015(02).

[221]叶俊杰. 大学生领悟社会支持的影响因素研究[J]. 心理科学, 2005(11).

[222]叶青青. 大学生的感戴与归因方式、领悟社会支持[J]. 中国心理卫生杂志, 2012(4).

[223]叶仁敏, Kunt A Hagtvet. 成就动机的测量与分析[J]. 心理发展与教育, 1992(2).

[224]袁利平, 李君筱. 教育缓解相对贫困的实践逻辑与路径选择[J]. 苏州大学学报(教育科学版), 2021(01).

[225]袁利平. 后扶贫时代教育贫困治理的价值逻辑、行动框架与路径选择[J]. 深圳大学学报(人文社会科学版), 2021(01).

[226]岳昌君. 毕业生就业难的影响因素与趋势分析[J]. 中国高等教育, 2013(Z2).

[227]臧运洪, 杨静, 伍麟. 贫困大学生积极心理品质量表的结构验证[J]. 心理学探新, 2017, 37(05).

[228]张传悦. 小组工作在调适大学生就业心理落差中的运用[J]. 劳动保障世界(理论版), 2011(07).

[229] 张存禄, 马莉萍, 陈晓宇. 贫困生资助对大学生消费行为的影响——基于校园卡消费大数据和问卷调查数据的研究 [J]. 教育与经济, 2021(6).

[230] 张宏如. 基于提升就业能力的大学生生涯发展教育体系的构建 [J]. 高等教育研究, 2011(2).

[231] 张洪烈, 舒伯. 生涯发展论的评析及应用 [J]. 云南财经大学学报, 2010(4).

[232] 张丽宾. 就业精准扶贫理论研究 [J]. 中国劳动, 2018(03).

[233] 张梅, 孙冬青, 辛自强等. 我国贫困大学生心理健康变迁的横断历史研究: 1998—2015 [J]. 心理发展与教育, 2018, 34(05).

[234] 张明菊, 李沛武. 高校贫困生认定的现实困境与制度安排——基于制度诚信理论视角 [J]. 黑龙江高教研究, 2016(08).

[235] 张文墨. 焦点解决取向团体辅导对提高大学生职业决策自我效能的实验研究 [D]. 重庆: 重庆师范大学, 2011.

[236] 张英萍. 焦点解决取向生涯团体辅导对职高生生涯成熟以及生涯自我效能的影响研究 [D]. 金华: 浙江师范大学, 2006.

[237] 章倩, 陈学军. 学校支持感、心理资本对职业决策困难的影响分析 [C]. 第十二届全国心理学学术大会论文摘要集, 2009.

[238] 赵丽娜. "微时代"背景下高职院校学生思政教育存在的问题及对策研究 [J]. 陕西教育(高教), 2018(06).

[239] 赵谦. 大学生非理性信念及其与社会支持、自我同一性的关系 [J]. 第十二届全国心理学学术大会论文摘要集, 2009.

[240] 郑杭生. 社会学概论新修 [M]. 北京: 中国人民大学出版社, 1998.

[241] 郑晓明. "就业能力"论 [J]. 中国青年政治学院学报, 2002(3).

[242] 郑新夷. 贫困大学生自我效能感与成就动机关系分析 [J]. 中国学校卫生, 2009(12).

[243] 钟云华. 社会资本分布失衡 [J]. 湖南师范大学教育科学学报, 2020(4).

[244] 周贤东. 经济管理类高职毕业生就业能力与就业质量关系研究——以厦门软件职业技术学院 2015 届毕业生为例. [J]. 山东农业工程学院学报, 2017(10).

[245] 周怡. 贫困研究: 结构解释与文化解释的对垒 [J]. 社会学研究, 2002(03).

附录一 质性访谈提纲

新时期低收入家庭大学生就业能力研究访谈提纲

（一）基本信息

1. 您的名字是××吗？

2. 您大学本科所学专业是什么？

3. 您家庭所在的省份是哪里？

4. 您家庭经济情况如何？

5. 现在最主要的经济来源是什么？

（二）外在环境给予的相应就业支持措施及就业指导

1. 您在校期间学校相关的就业支持和就业指导都有哪些方面？您认为这些支持和帮助是否您满足您对就业能力提升方面的需求？

2. 您所期待的帮助就业能力提升给予的关键性支持应该有哪些？

3. 您认为学校的专业跟您的就业相关性大吗？

4. 您认为学校应设置什么样的就业指导能使您更好地就业？

（三）职业目标的确定

1. 您有思考过今后职业发展的方向吗？

2. 您是通过怎样的就业渠道或就业信息了解就业形势的？

3. 您在学校学习期间对自己的职业发展有相应的规划吗？

4. 您有考虑毕业求职就业的方向或是岗位吗？

（四）就业能力提升路径

1. 您认为影响您就业能力的主要原因是什么？

2.在您就业能力提升的过程中，最大的阻碍是什么？

3.就业能力提升的过程中，您觉得自己最缺乏哪方面的能力？

4.您认为家庭、社会、学校对就业能力提升的主要支持是什么？

5.您在就业能力提升的过程中遇到的最大困难是什么？

附录二　调查问卷

调查问卷

测试指导语

亲爱的同学，您好！

　　非常感谢您参与此次调查，本次调查是为了了解新时期低收入家庭大学生在选择未来职业时所出现的困难及其原因，帮助您了解哪些因素能对就业能力产生影响，为进一步给您进行就业指导提供科学依据，帮助您更好地提升就业能力。

　　本次调查数据仅供研究之用，将对调查数据和个人信息进行严格保密，并且调查结果不会对您产生任何影响。本次调查采用不记名方式，所收集的资料仅供研究之用，统计后销毁，敬请放心！请您按照真实情况作答，感谢您的配合！

基本情况

请在符合您情况的□内打"√"。

1. 是否为建档立卡户：□是　　□否

2. 是否有申请家庭所在地政府的经济困难相关证明或学校助学资助：
□是　　□否

3. 家庭人均月收入：□1000以下　　□1000～3000　　□3000～5000
□5000以上

4. 家庭经济状况：□良好　　□一般　　□较差

5. 家庭收入的主要来源：□打工收入　□务农收入　□低保收入
□工薪

6. 性别：□男　□女

7. 学校性质：□普通高校　□省重点高校　□985高校　□211高校

8. 是否担任班干部：□是　□否

9. 是否独生子女：□是　□否

10. 是否有过兼职或社会实践经验：□是　□否

11. 年龄：□18～20岁以下　□20～22岁　□22～24岁　□24岁以上

12. 年级：□大一　□大二　□大三　□大四

13. 家庭所在地：□农村　□城镇　□城市

14. 专业类型：□理工类　□文史类

生涯社会支持量表

指导语：

以下是有关你曾经接受过的来自父母、兄弟姐妹、老师、同学/朋友、亲戚的帮助支持、鼓励的表述。每一种支持类型都有五个主要来源，都需要根据实际情况做出选择，请您耐心作答，谢谢！

1代表几乎没有，5代表特别多，请根据实际情况在选项上打"√"。

题目		几乎没有	很少	一般	很多	特别多
1. 为我提供学费	父母					
	兄弟姐妹（不只是亲兄弟姐妹）					
	同学/朋友					
	亲戚（主要指长辈）					
2. 为我提供生活费	父母					
	兄弟姐妹（不只是亲兄弟姐妹）					
	同学/朋友					
	亲戚（主要指长辈）					

续表

题目		几乎没有	很少	一般	很多	特别多
3. 除生活费外，主动提供学习、生活用品等	父母					
	兄弟姐妹（不只是亲兄弟姐妹）					
	同学/朋友					
	亲戚（主要指长辈）					
4. 关于未来就业及发展，给我建议	父母					
	兄弟姐妹（不只是亲兄弟姐妹）					
	同学/朋友					
	亲戚（主要指长辈）					
5. 和我探讨如何过好大学生活、如何处理好人际关系等	父母					
	兄弟姐妹（不只是亲兄弟姐妹）					
	同学/朋友					
	亲戚（主要指长辈）					
6. 给我学业方面的指导、启发和帮助	父母					
	兄弟姐妹（不只是亲兄弟姐妹）					
	同学/朋友					
	亲戚（主要指长辈）					
7. 在我面对选择时，和我一起分析，为我提供建议	父母					
	兄弟姐妹（不只是亲兄弟姐妹）					
	同学/朋友					
	亲戚（主要指长辈）					
8. 和我谈及现在做什么可以使自己有更好的发展	父母					
	兄弟姐妹（不只是亲兄弟姐妹）					
	同学/朋友					
	亲戚（主要指长辈）					

续表

题目		几乎没有	很少	一般	很多	特别多
9. 教给我一些在未来工作中可能会用到的东西	父母					
	兄弟姐妹（不只是亲兄弟姐妹）					
	同学/朋友					
	亲戚（主要指长辈）					
10. 特别相信我、信任我	父母					
	兄弟姐妹（不只是亲兄弟姐妹）					
	同学/朋友					
	亲戚（主要指长辈）					
11. 以我为荣，为我的成功高兴	父母					
	兄弟姐妹（不只是亲兄弟姐妹）					
	同学/朋友					
	亲戚（主要指长辈）					
12. 在乎我的感受	父母					
	兄弟姐妹（不只是亲兄弟姐妹）					
	同学/朋友					
	亲戚（主要指长辈）					
13. 接纳我，喜欢我本来的样子	父母					
	兄弟姐妹（不只是亲兄弟姐妹）					
	同学/朋友					
	亲戚（主要指长辈）					
14. 提前告诉我一些关于大学生活的信息	父母					
	兄弟姐妹（不只是亲兄弟姐妹）					
	同学/朋友					
	亲戚（主要指长辈）					

续表

题目		几乎没有	很少	一般	很多	特别多
15. 为我提供兼职、实习、就业等方面的信息和机会	父母					
	兄弟姐妹（不只是亲兄弟姐妹）					
	同学/朋友					
	亲戚（主要指长辈）					
16. 告诉我有关我所学专业的发展前景、就业情况等	父母					
	兄弟姐妹（不只是亲兄弟姐妹）					
	同学/朋友					
	亲戚（主要指长辈）					
17. 给我介绍很多人认识，扩大了我的交友范围和人际网络	父母					
	兄弟姐妹（不只是亲兄弟姐妹）					
	同学/朋友					
	亲戚（主要指长辈）					
18. 和我谈及有关未来工作的事情，让我对工作世界有了些了解	父母					
	兄弟姐妹（不只是亲兄弟姐妹）					
	同学/朋友					
	亲戚（主要指长辈）					
19. 和我分享一些学习、工作的经验教训	父母					
	兄弟姐妹（不只是亲兄弟姐妹）					
	同学/朋友					
	亲戚（主要指长辈）					
20. 告诉我一些关于出国、考研或者工作的信息	父母					
	兄弟姐妹（不只是亲兄弟姐妹）					
	同学/朋友					
	亲戚（主要指长辈）					

职业决策自我效能感量表

指导语：

本量表是帮助您了解在选择未来职业时所出现的困难及其原因，为进一步给您进行职业辅导提供科学依据，帮助您更好地做出决定。请仔细阅读下列每一种说法，并表明您对完成每一项任务有多大的信心。请在相应的选项上打"√"。

序号	题目	完全没有信心	有很小的信心	有一些信心	有很大的信心	完全有信心
1	列出几个你感兴趣的职业或工作					
2	查找你感兴趣的职业或工作的信息					
3	选择一个适合你个人前途的职业或工作					
4	为你的职业或工作目标制订下一个近期和长期计划					
5	即使你灰心丧气时，仍坚持为你的职业目标而努力					
6	确定你理想的职业或工作是什么					
7	查找有关聘用你所在系大学生的用人单位的信息					
8	从你正在考虑的可能的职业或工作中挑选一个职业或工作					
9	确定你需要采取的行动步骤，以便成功地获得你已选择的职业或工作					
10	判断一种职业或工作中你认为最有价值的东西					
11	了解某一职业或工作的发展前景					
12	选择一个适合你喜爱的生活方式的职业或工作					
13	做出职业决定，不会担心是对还是错					
14	获取老师或辅导员的求职推荐信					
15	解决找工作时遇到的经济困难					
16	确定你最有能力的职业或工作					

续表

序号	题目	完全没有信心	有很小的信心	有一些信心	有很大的信心	完全有信心
17	找老师询问与你所学专业有关的职业和工作的情况					
18	选择你的父母不同意的职业或工作					
19	获得与你未来职业或工作目标有关的工作经验					
20	当你的父母或朋友要你从事你力不能及的职业或工作时，违背他们的意愿					
21	描述你想要从事职业的工作事务					
22	找到并利用人才交流中心，参加人才交流会					
23	解决与男或女朋友求职时的各种冲突					
24	为了实现你的职业目标，列出你愿意或不愿意失去什么					
25	查明目前或未来某种职业或工作的就业趋势					
26	选择一个适合你兴趣的职业或工作					
27	你的职业目标，决定你是否报考研究生或参加职业培训					
28	查明某一职业或工作的人均月收入或年收入					
29	选择一个适合你能力的职业或工作					
30	学习专业以外的有助于你的未来职业的技能					
31	准确地评价你的能力					
32	找一个从事你感兴趣的职业或工作的人与之交谈					
33	挑选一个最好的职业或工作，即使要付出更大的努力					
34	利用各种社会关系，获得职业和工作信息					
35	利用国家就业政策和法规，保护自己的正当权益					
36	查找关于研究生招生的信息					
37	选择你想要的职业或工作，即使它的就业机会呈下降趋势					
38	成功地应付求职面试过程					
39	找到就业机会严重不足时的暂时应对措施					

学生就业能力量表

指导语：

本量表是帮助您了解您的就业能力，为进一步给您进行职业辅导提供科学依据，帮助您更好地做出决定。请仔细阅读下列每一种说法，并表明您对每一项任务的同意程度。请在相应的选项上打"√"。

序号	题目	完全不同意	有很少同意	有一些同意	有很多同意	完全同意
1	你具备工作需要的表达和沟通能力					
2	你具备时间管理能力					
3	你具备领导能力					
4	你具备创新能力					
5	你具备团队合作能力					
6	你具备母语表达能力					
7	你具备外语表达能力					
8	你具备稳定性和忍耐性					
9	你具备专业知识和技能					
10	你具备电脑知识					
11	你具备将理论应用在工作中的能力					
12	你具备问题发现和解决能力					
13	你具有学习的欲望					
14	你具有可塑性					
15	你具有职业道德素养					
16	你具有对个人职业发展的理解和规划					
17	你了解职业环境和职业发展					
18	你具备求职和自我推销能力					

职业目标量表

指导语：

本量表是帮助您了解您的职业目标，为进一步给您进行职业辅导提供科学依据，帮助您更好地做出决定。请仔细阅读下列每一种说法，并表明您对每一项任务的同意程度。请在相应的选项上打"√"。

序号	题目	非常不同意	有很少同意	有一些同意	有很多同意	非常同意
1	我对未来有一个清晰的目标					
2	我知道在职业或求职方面我想做什么					
3	我相信我的职业目标是可以现实的					
4	我相信我能实现我的职业目标					
5	我清楚我需要采取哪些步骤来实现我的职业目标					
6	我正在采取必要的步骤来实现我的职业目标					